JN046358

"EMPATHIC SUPPORT" TO CHANGE SOCIETY

A Study of the Reflective Practitioner in Community-based Practice

社会を変える〈よりそう支援〉

地域福祉実践における
省察的実践の構造分析

大原ゆい
［著］

晃洋書房

まえがき

新型コロナウイルスのパンデミックは私たちの生活を大きく変えた．街中から人びとの姿は消え，音楽イベントや演劇の公演なども相次いで中止を余儀なくされた．学校は休校措置が取られ，授業も，会議も，飲み会までもがリモートで行われるようになり，マクスやアクリル板を隔てたコミュニケーションが日常化した．他者とつながること，関係をつむぐことが容易ではなくなった状況は，改めて，私たちは一人で生きているのではないのだということを痛感させた．そして，それは同時に，私たちの社会がどれほどまでに暮らしを支え，他者を慮り，見守る「ケア」という営みを軽視してきたのかということも実感させた．

私たちは，ケアしたり／ケアされたりという相互に依存し合う関係性の中で生きている．オギャーと生まれた人生のはじまりの時から，最期のその時まで，誰かから，何かしらのケアを受けて生きている．哲学者のエヴァ・フェダー・キティが「みな誰かのお母さんの子どもである」というように，依存の関係と無関係な人は誰一人としてこの世には存在し得ない．にも関わらず，歴史的にみてもケアという営みは軽んじられ，そして蔑まれてきた．

ところが，今，その「ケアすること」を取り巻く見取り図は変容のなかにある．この変容の背景にあるのは，いうまでもなく社会構造の複合化と複雑化であり，それによって生み出されるのが「今日的な福祉問題」である．これまでの制度や社会の仕組みでは対応できない，生活のなかで生じる問題は，制度があってもそれが十分に機能していないために，制度のはざまにある人たちを生み出す．そして，社会はケアが必要な人たちを「自己責任」の名のもとに放置する……．

このような状況が目の前に現れた時，「いてもたってもいられなくなって」「見るに見かねて」行動を起こす人たちがいる．それが，本書で取り上げた〈よりそう支援〉に取り組む省察的実践者らである．あれこれと考えるよりも先に，目の前の状況をなんとかしたい，「ケアの衝動」に突き動かされて動く人たち．

実践者らは初めから明確な目的があって，目指すべき社会へのビジョンがあったわけではない．ただ，ただ，目の前の状況に向き合い，当事者の話を聞き，一緒に考え，行動をしてきた人たちだ．彼ら／彼女らが取り組むのは，問題のただ中にいる人たちに対して，問題解決の確固たる手法があることを前提にして，高地から問題解決のための社会資源をあれやこれやと「あてはめ」，指示する実践スタイルではない．ぬかるんだ低地で，常に何が問題なのかという状況を掴むところから当事者と一緒に格闘し「よりそう」実践スタイルである．

私たちは「弱い」．しかしながらそれは「悪」ではない．私たちは弱さを認め合い，そして，相互に依存し合うことを肯定できるそんな社会を目指すことができるのならば，それはより強いこと，より早いこと，より大きいことが「良きこと」とされる社会の価値観をアップデートすることに繋がるかもしれない．

社会を変える第一歩としての〈よりそう支援〉の可能性を本書を通して考えてみたい．

目　　次

序 章

本書の目的と構成

1．本書の目的

本書の目的は，ドナルド・ショーン（Donald A, Schön（1931-1997）：以下，ショーン）の「省察的実践者（Reflective Practitioner）」という専門家像を手がかりとした〈よりそう支援〉[1)]の構造分析を通して，現代社会に要請される福祉実践家像を提示することである．社会構造が複雑化・複合化するなか，地域で生じる福祉問題は，定位性を失い激しい変容過程に置かれている．そのため，従来の社会福祉制度や専門職制度の枠組みとの乖離が激しく，問題の所在や，解決のための道筋を見つけることは困難な作業となっている．

本書では，家族介護者支援やひきこもりの問題など，従来の社会福祉政策が対象とすることなく放置してきた「今日的な福祉問題」に取り組む実践者を分析対象としている．このような実践の実態をふまえた上で，省察的実践としての〈よりそう支援〉がどのような問題状況を対象としているのか，またどのような社会資源を用いて実践に取り組むのか，さらに従来の支援スタイルとの相違点はいかなるものかについて考察する．

なお，本書でモデル化の対象とする「実践家」は，従来の福祉専門職論，また福祉専門家養成教育のプロセスにおいて論じられる福祉専門家像に比して，より広義の概念とした．それは，〈よりそう支援〉に取り組む実践家を把握する枠組みを提示するためである．そして，福祉専門家養成教育の現状と課題の把握については，これまで筆者が行ってきた，福祉専門家としての社会福祉士資格取得のための教育課程において，学生によって作成される実習記録を解析対象としたテキストマイニングおよびタイムスタディによるデータ分析の研究成果（大原，2007；2013；2015；2017）を用いており，これを本書のエビデンスの一端としている.

1.1. 本書の背景

1.1.1.「ソーシャルワーク[2]の危機」

かつて国内外において，福祉実践の発展は階級闘争や社会運動なしにはあり得ないこと，また福祉実践は社会正義や社会変革を目指す実践でもあるという見解が広く共有されていた. たとえば，日本初の医療ソーシャルワーカーであり，のちに日本福祉大学で教鞭をとった浅賀ふさは，「ケースワークは社会改善の水先案内人であり，また社会改善実施の後もその適切なる施行の推進役をする（中略）ソーシャルワーカーこそ社会政策への強力な発言者でなければならない」（室田編，2006：226）と述べ，福祉実践が社会的，政治的な問題解決をする活動であることに触れている. つまり，社会福祉に携わる実践者らは，社会変革を促す実践者であるという点に自らの専門性や価値を見出していたのである（Ferguson, 2008；室田編，2006）. ところが今，社会福祉の現場では専門家として国家資格保有者の採用が進む一方で，専門職がこれからどこに向かうのか見えないまま採用され，育成もされていない現状があり（吉永ら，2018），その要因の一つとして新自由主義のもとでの支援の商品化や市場化が指摘されている.「現場で仕事の話ができない」「福祉職場なのに福祉の勉強ができない」（同上）という実践者らの声[3]は，今の福祉現場がサービスの提供に追われる中で，時間的にも精神的にも余裕がなく，社会正義について議論をしたり，社会変革に取り組んだりすることが困難な状況にあることを意味している. また，福祉専門家養成教育に携わる教員らは「ソーシャルワーク教育は失敗した」「社会福祉士ができてから，（大学での教育は）福祉制度の解説にとどまっている. 社会福祉士を作ったことが間違いだったのかとすら思う」（福祉新聞，2015）と現行の福祉専門家養成教育の不十分さを指摘するように，福祉実践の危機的状況を危惧する声が実践および教育の現場双方からあがっている.

このような状況は日本に限ったことではなく，伊藤（2007）は，イギリスのサッチャー政権以降の福祉国家システムの変質を例に挙げ，ソーシャルワーカーは限られた資源を効率的に管理する役割を負わせられることになり，「クライエントのケアの実践者というよりは資源管理を主担当とする『門衛（gatekeeper)』と揶揄されるようになった」(伊藤, 2007：173-174) と述べる. そして, 門衛化するソーシャルワークは「もはや貧困やそれに対処する諸制度, サーヴィスを所与のものとして扱うだけ」になり,「単なるサーヴィスの配給 (delivery) 技術のみを主眼に取り扱う事務的な過程や側面を浮かび上がらせ, (中略) 貧困や差別が生じる社会構造的な視点を持つ必要などさらさらなく, 官僚制機構の中で上からの指令を待つマニュアルに依存していれば自動的に自分たちの仕事が成立することになる」(伊藤, 2007：174) とソーシャルワークの門衛化傾向を批判する. そして, イアン・ファーガソンはこのような状況を「ソーシャルワークの危機」(Ferguson, 2008) と称し, 世界各地で福祉実践を取り巻く状況が同様の事態に陥っていることに警鐘をならす. 他方, 訓覇 (2012) は, このような「ソーシャルワークの危機」という状況に対して, 大量の貧困者を生み出し, 国民が何重にも分断された日本社会において, 貧困からの脱出と人間性回復のためにソーシャルワークが果たすべき役割は大きいとした上で,「ソーシャルワークは今こそ, 社会正義や人間性の回復という価値基盤・原点に戻り, 本来のソーシャルワークを取り戻せねばならない. この挑戦なくして, ソーシャルワークの未来はない」(訓覇, 2012：263) として, ソーシャルワークの危機的状況に対峙し得るのもまたソーシャルワークであるということを主張する.

1.1.2. 福祉実践をめぐる研究と〈よりそう支援〉

「専門家」については, 近年, その実践と責任と倫理が議論されてきた. 現在, 医師, 看護師, 弁護士, 教師, 経営コンサルタントなど, 様々な専門家が制度的な制約の中で, 専門能力の限界に挑戦しながら, 人びとのよりよい生活の実現に向けて実践を展開している. しかし, 専門家の使命と責任が拡大する一方で, 医療ミスや教師による体罰やセクハラ, 企業経営のモラル・ハザードなど専門家が社会的な非難を浴びる過失や横暴も拡大し, このような事件が起こるたびに専門家の資質や能力を疑う議論もおこっている.

他方, 専門家の活動領域は広がりをみせている. それは, 裁判員制度の導入のように, これまで裁判官や検察官, 弁護士といった司法専門家のみが担うとみなされてきた場に市民の参加がすすめられ, 専門家と市民の協働による社会の構築（種村，2015）が目指されるということなどが事例としてあげられよう．このような動きは司法領域に限ったことではなく，医療や看護，教育の領域でもこれまでとは異なる他職種や市民と協働しうる形での専門家の機能や専門性が期待されている（西城ほか，2011；粟谷ほか，2011；湯口，2015）．

この状況は福祉分野に目を転じてみても同様で，家族介護者支援やひきこもりの問題，生活困窮者支援やホームレス支援など，従来であれば社会福祉政策が対象としては捉えることなく，見過ごされてきた諸問題も支援の対象とし，当事者らの思いを受け止め，その状況に応える形での実践が行われている．そして，これらを担うのは，「寄り添い型」や「伴走型」といわれる支援のあり方を追求する実践家たちである．このような支援のあり方については，先行研究のなかで以下のように述べられている．たとえば，奥田は，生活困窮者支援の場面における伴走型支援は「関係や存在の支援」で，「答え」は当事者と伴走型支援スタッフの「間」にあるとして，原則として両者の対話を前提とした当事者の自己決定のもとに支援方針はつくられるとする（奥田ほか，2014）．湯浅は，孤立の問題を抱える人に対して，制度や仕事につないだらそこで関係が終了してしまうのではなく，継続的に寄り添うような専門家の関り方を「専門知識をもつ友人」のようなもの，と表現する（湯浅，2010）．鮫島は，医療・看護・介護の臨床場面で支援に関わるリーダーたちは，「常に要支援者たちと協力し，自ら介入し，具体的な支援を行っていた」と述べ生きづらさに寄りそう支援のあり方を「身体の溶けあいを妨げない〈支援〉活動」であるとする（鮫島，2018）．三井は，「地域包括ケア化という新しい時代においては，ケアや支援の位置づけそのものが変わってくる」（三井，2018：ⅰ）とし，人びとが「生活の質」に価値をおくようになったいま，これまでの専門職像には限界が来ていると述べ，ケア従事者を一律的に捉えるのではなく，従来の社会保障制度の考え方に基づく専門職によるケアと，生活や日常そのものに内在した支援である「ベースの支援（basic support）」が必要であるとする（三井，2018）．そして，加納は，このような寄り添い型支援の今日的意味を，福祉専門職が当事者とともに「生活困窮」（排除型社会）に立ち向かう中で，ラジカルな（根源的な）共通体験を持つことで，専門援助モデルの変容を絶えず促すことにあるという（加納，2013）．

このように，多様な領域において，これまで社会的に認知されてきた「専門家」とは随分と異なる役割や支援の特徴をもった「新たな専門家」ともいうべき実践家が登場してきている．このような状況を本書では専門家像の「ゆらぎ」の状態ととらえ，そこで取り組まれる実践を〈よりそう支援〉と位置づけている．

1.1.3. 〈よりそう支援〉と「寄り添い型支援」「伴走型支援」――先行研究をふまえて――

本書で取り上げる〈よりそう支援〉について，たとえば生活困窮者支援の場面において取り組まれ，政策的合意を得るに至っている「寄り添い型支援」や「伴走型支援」に関する先行研究を整理した上で，それらとの同異や定義について確認をしておく．

「寄り添い型支援」や「伴走型支援」について，CiNii（論文検索サイト[4)]）で論文検索をすると，「寄り添い型支援」では6件，「伴走型支援」では33件が該当する（**表序－1**，**表序－2**）（2019年6月10日時点）．ただし，この検索結果には，書評や講演録，法令解説なども含まれており，寄り添い型支援や伴走型支援といった支援の手法が社会福祉実践においてどのような意義をもつものなのか，また，支援の手法としてなぜいま必要とされるのか，といった学術的な意義について分析をしたり，理論化したりして学会誌や研究紀要に掲載されたものは政策レポートや実践レポート[5)]ほどは多く見あたらない．また，生活困窮者自立支援法成立後の2013年以降，日本社会福祉学会において口頭発表されているものを報告要旨集にて確認したところ，生活困窮者自立支援事業について取り上げているものは15件ある（**表序－3**）（2019年6月10日時点）．その報告内容は，「中間的就労」や「学習支援」をキーワードに実践事例の分析や効果測定を試みるものであり，「寄り添い型支援」や「伴走型支援」を取り上げて，支援のあり方について言及している報告は要旨集からは見あたらない．

「寄り添い型支援」に関する学術論文として，『地域福祉研究』に掲載された加納（2013）では（**表序－1**），「岡村理論」とジョック・ヤングの「過剰包摂」概念を用いて生活困窮者支援の現場で取り組まれる「寄り添い型支援事業」の分析を行なっている．加納は，「寄り添い型支援」について，「ホームレス支援の分野でたどり着いた」とした上で，「まさに社会関係の不調和・欠陥に苦しむ若者たちの主体的側面に働きかけ，諸制度との関係を再構築する支援を行い始めて，その援助手法が今さらのように注目を集めている」（加納，2013：53）と寄り添い型支援という手法が注目を集めていることを述べる．また，寄り添い型支援の利点を，「異なる専門職によって編成された支援チームが，対象者の側に立つビジョンを共有することで，それぞれの専門職エゴ（独自性と排他性）が抑制される」（加納，2013：54）と述べる一方で，「動員されたワーカーたちは，フィールドで利用者たちに寄り添うことを仕事としながら，このシステム管理のためにオフィスでの仕事量が格段に増え，利用者との丁寧な面談ややりとりの時間が削られていった」と介護保険制度下での「ケア・マネジメントのジレンマ」と同様の事態が寄り添い型支援事業の現場でも起こっていることを指摘する．また，記録によってニーズが切り取られることや，現場で相談員によって既存サービスのパッケージ化という業務効率性が重視されることでの寄り添い型支援事業の本質が歪められることを危惧している（加納，2013）．

加納が，寄り添い型支援を「ホームレス支援の現場でたどり着いた」支援として捉えているように，この支援の取り組みは「生活困窮者自立支援法」として法整備化されており，政策的合意を得るに至っている．生活困窮者自立支援法は，「生活困窮者自立相談支援事業の実施，生活困窮者住居確保給付金の支給その他の生活困窮者に対する自立の支援に関する措置を講ずることにより，生活困窮者の自立の促進を図ること」（第１条）を基本理念とする法律で，2013年に成立し，2015年から施行されている．この法律が制定されたその背景は，岡部（2015）によると，1990年代のバブル経済の崩壊以降，構造的に続く景気の低迷，2008年のリーマンショックの影響による暗転した雇用のゆらぎや所得の低下による経済的な困窮状態に陥る人の増加がある．同時に，少子高齢化の進行や，単独世帯，ひとり親世帯の増加などの世帯構造の変化，家族，職場，地域社会におけるつながりの希薄化としての社会的孤立，また子どもの貧困に象徴されるような貧困の世代間連鎖といった問題の深刻化などもあげられる．こうした状況をふまえ，最後のセーフティネットである生活保護制度による自立助長機能の強化とともに，政策的意図としては，生活保護受給者以外の生活困窮者に対する「第二のセーフティネット」の充実・強化を図ることを目的として成立・施行されたのが生活困窮者自立支援法[6]である．この法整備によって具体的に目指されるのは，「生活困窮者の自立と尊厳の確保」「生活困窮者支援を通じた地域づくり」であるが，この制度では，対象となる本人の自己選択，自己決定を基本にしつつ，必要な支援を受けながら，経済的自立だけではないその人なりの自立を目指すとしている．

この法律において対象となる「生活困窮者」とは，「現に経済的に困窮し，最低限度の生活を維持することができなくなるおそれのある者」（第2条）と定義されている．しかし，実質的には生活保護の「最低基準」以下で暮らしているものの保護を受けていない者が同法による支援の対象となっているとみられている（布川，2016）．このような状況を，金子（2017）は，「結局のところ，生活保護によって救済できなかった層／しなかった層を対象としているということだ」（金子，2017：300）とし，現行の生活保護制度が「貧困者の補足に失敗してきたことが，この制度が生み出された背景にある」（同上）とする．

生活保護に至る前の段階の自立支援の強化を図るため，事業は，自治体の必須事業として定められる「自立相談支援事業」「住宅確保給付金事業」と，任意事業である「就労準備支援事業」「一時生活支援事業」「家計相談支援事業」「学習相談支援事業」に取り組まれる．これらのうち，自立相談支援事業は，社会福祉協議会や社会福祉法人，NPO 法人等に委託[7]して行うこともでき，それらの組織との連携のなかで事業を展開している自治体が多く存在している．また，「生活困窮者に対して地域の必要や社会資源に応じた支援を柔軟に構築する基礎を支える制度として期待が寄せられている」（金子，2017：302）と言われるように，家計相談支援事業は社会福祉協議会の生活福祉資金貸付制度と一体的に実施されていたり，学習相談支援事業も子どもの貧困対策として制度が整備される以前から地域で行われている低所得者に対する学習教室等と一体化して実施されていたりする．このように，生活困窮者自立支援制度は，従来困窮者やその家族に対して地域実践として取り組まれてきた実践を制度化する枠組みとして用意されたものであるが，それを実際に整備し，継続的に維持するかどうかは地方自治体に委ねられている．

とりわけ，必須事業として取り組まれる自立相談支援事業は，生活困窮者自立支援制度の中核事業であると位置付けられている（岩間，2015）．このことについて金子（2017）は，「生活困窮者の相談を「ワンステップ」で行い，支援者が「伴走者」としてサービスをコーディネートするという考え方を柱にして（中略），支援者が当事者に関わる機会を増やし，サービスの量的・質的な改善を促すものと考えられている」（金子，2017：302）と「伴走型支援」というサービスをコーディネートする考え方がこの事業の支援の柱であると整理する．このように，生活困窮者自立支援制度において「伴走型支援」という支援の手法は中心的なものとして捉えられているわけであるが，この点についてさらに明確にするために，以下，岩間（2015）の先行研究をもとにしながら考えてみたい．

岩間（2015）は，自立相談支援事業の推進にあたっては，関係者が理念を共有し，そこを基点としながら取り組む必要があると述べる．しかし一方で，生活困窮者自立支援制度の理念がまとまりのあるかたちで伝わりにくいことが，この事業の難しさを引き起こしているとも指摘する．そこで，生活困窮者自立支援制度の理念枠組みと「入口」「出口」「プロセス」の三つを提示してこの制度が内包する理念を整理する．この制度の対象を誰にするのかという「入口」については，「本制度における主要な論点として取り扱われてきた．従前の福祉制度との相違を象徴するもの」（岩間，2015：61）と述べる．つまり，本制度において規定される対象者は，先に述べたように「現に経済的に困窮し，最低限度の生活を維持することができなくなるおそれのある者」（第2条）であり，「条文から素直に読み取れば，生活困窮者とは，『すでに経済的に困窮した状態にあり，生活保護の手前にある人』ということ」（岩間，2015：62）である．しかし，同法の成立過程においては，生活困窮者とは，経済的困窮のみならず社会的孤立を含むものとして議論してきた経緯があり，実際，経済的困窮と社会的孤立とは深く重なり合っていることから，厚生労働省の『自立相談支援事業の手引き』では，「できる限り対象を広く捉え，排除のない対応を行うことが必要である」という見解が示されている．この「限定せずに広く捉えるという対象設定は，福祉制度においては基本的に他に例を見ないもの」（岩間，2015：62）であり，このような対象設定の背景は，「地域における生活課題が多様化し，現行の制度枠組みでは対応できない傾向が顕著になっている」（同上）ことが要因としてあげられる．「入口」において対象を限定しないということは，「制度のはざま」にある人たちへの対応の根拠となり，「制度が個々の多様な生活に合わせることができることを意味する」（同上）と岩間はこの制度を評価する．

また，「入口」を広げることは，必然的に「出口」を広げることになるとした上で，これは地域における新しい「つながり」の拡大を意味するものであり，具体的には社会的孤立の状態にある人たちの社会的接点を増やすこと（岩間，2015）だという．とりわけ，生活困窮者自立支援法に規定される就労訓練事業（中間的就労）では，就労機会の拡大に際し，地域特性を生かした，地域に根ざした社会的企業やコミュニティビジネス，ソーシャルファーム等の立ち上げが想定されており，本制度を通じて地域の福祉力の向上を図るという生活困窮者自立支援制度の理念が色濃く反映されていると述べる（同上）．

そして，この「入口」と「出口」をつなぐものが「プロセス」であり，「『プロセス』にこそ『相談支援』の本質が反映される」（岩間，2015：63）とし，ここで生活困窮者自立支援制度における「伴走型支援」のあり方について述べている．生活困窮者自立支援法の付帯決議には「生活困窮者は心身の不調，家族の問題等多様な問題を抱えている場合が多く，また，問題解決のためには時間を要することから，個々の生活困窮者の事情，状況等に合わせ，包括的・継続的に支えていく伴走型の個別的な支援のための体制を整備すること」（平成25年12月4日衆議院厚生労働委員会）という項目が盛り込まれている．つまり，本法に基づく自立相談支援事業の理念として位置づけられる「包括的・継続的・個別的支援」の推進のためには，身近な小地域における体制（仕組み）が不可欠であることを示唆するものであり，「包括的・継続的・個別的支援」は「伴走型支援」として「生活困窮者自立支援制度の象徴として位置づけられてきた」（岩間，2015：64）ものである．この「伴走型支援」の展開にあたっては，広域ではなく，小地域における体制（仕組み）を「総合相談」として「ワンストップ」で整備していくことが求められる．さらに，個別支援と地域支援を一体的に推進し，その延長線上に地域福祉の進展を位置づける「地域を基盤としたソーシャルワーク」として推進していくこととなる（岩間，2011）．この個別支援と地域支援を同時並行で展開するという実践は，「個人への支援に地域の力を活用しつつ，同時に地域の福祉力の向上を促し，それらが相乗効果となって地域福祉の底上げにつながる」（岩間，2015：64）と伴走型支援の展開が個別支援にとどまらずひいては地域の福祉力の向上につながる点を岩間は評価する.

このように，岩間は，「入口」「出口」「プロセス」という三つのプロセスを提示して生活困窮者自立支援制度の理念枠組みを整理し，評価することに加えて，「自立相談支援事業は自立相談支援機関に配置される主任相談支援員等の専門職のみで対応する事業ではない．自立相談支援機関が司令塔となって，当該地域の『関係者』による多層のネットワークによる連携と協働のもとで，総力をあげて取り組んでいくという性格のもの」（同上）というように専門職が中心となって取り組まれる他職種・他機関とのコーディネートによって成立する事業であることを述べている．生活困窮者自立支援制度における専門職によるコーディネートの果たす役割の重要性については，長年ホームレス支援に携わり，生活困窮者への支援の仕組みとして「伴走型支援」を提唱した奥田知志も言及している．この背景にあるのは，「申請主義と縦割りを特徴とする既存の福祉制度では，経済的困窮と社会的困窮の複合である現在の生活困窮の問題には十分対応できない」（奥田，2014：14）という思いであり，伴走型支援の特徴を「『ある資源』につなぐこと」だと述べる．たとえば，「相談窓口は申請主義で運用されていても，そこにつなぐ人がいれば窓口は機能する」「必要な制度への『つなぎ―もどし』は縦割りの支援制度から，必要なものをピックアップし，つなぎ合わせる形で行われる」「『制度またぎ』の支援によって，制度が縦割りであっても，それらに横串を通すような支援が可能となる」（奥田，2014）と述べていることからも伴走型支援の思想，理念，仕組みにおいて「コーディネート」を重要視していることが見てとれる．

このような生活困窮者自立支援制度のもとで取り組まれる「伴走型支援」「寄り添い型支援」であるが，ここにはすでに見てきたように評価に値する点がある一方で，制度として取り組まれることによる限界も抱えている．たとえば，生活困窮者自立支援制度については，繰り返しになるが，従来地域実践として草の根的に取り組まれてきた実践を制度化したという点においては，これら市民による実践の広がりや深まりを後押ししたと評価して捉えることができるが，一方で，「第二のセーフティネット」と称されるように，本来，生活に困窮している者の生活を保障するはずの最後のセーフティーネットとしての生活保護法が十分に機能していないという社会保障制度の機能不全という問題や，生活困窮者自立支援制度が生活保護の「水際作戦」的な機能を果たしていたりする側面も否定はできない．生活困窮者自立支援制度をその政策的側面から見ると，生活保護制度の持つ「ほころび」に「つぎあて」するだけのものでしかなかったり，生活保護制度の利用の抑制を推し進めるための片棒を担がされているのではないかという批判の対象として捉えられよう．また，実践が進められる過程において「伴走型支援士２級認定講座[8)]」が2012年３月に大阪のホームレス支援現場の要請で開発され，現在「伴走型支援士１級」「伴走型支援士２級」という民間資格としてスタートしている．この点について加納（2013）は，「１級，２級とランキングがつくと，どんどん問題解決スキルが問われ出す．生活困窮の本質が社会問題から個人のニーズにすり替えられるように，生活困窮の解決も社会資源からワーカーの力量にすり替えられていく．かくして，現場では当事者とワーカーが相互の意欲や力量をめぐって，いがみ合い，非難し合う構図が構築されていく」（加納，2013：61）と現在の生活困窮者支援事業として取り組まれる「寄り添い型支援」が「個人モデル」の「自立支援」に傾倒しつつあることによって，当事者らの抱える生活困難は「ニーズの複雑さと多問題」，「支援困難事例」としてカテゴリー化され，結局「本人の意欲」や「ワーカーの力量」の問題として処理されてしまうことの危険性を指摘する．また，これもすでに述べたことであるが，生活困窮者自立支援制度の対象者について，これまでの福祉制度とは異なって，排除のない対応を行うことを目指してできる限り対象を広く捉える点を岩間（2015）は評価するが，しかし，そこで重要とされる支援の理念は，「事前対応型福祉」として専門職によるアウトリーチに重きを置いた「予防支援」であり，ともすると「『備えあれば憂いなし』と言わんばかりに，規範的福祉（よいこの福祉）の観点から，備えを怠ったクライエントの『自己責任』を問責する」（加納，2013：60）という危険性も孕んでいることも否めない．

これらを踏まえた上で，「寄り添い型支援」「伴走型支援」の特徴として，筆者は次の点をあげたいと思う．それは，制度（社会資源）があることが前提として，支援の仕組みが形作られている点である．たとえば，先にも述べたように奥田（2014）が，伴走型支援の特徴を「『ある資源』につなぐこと」と述べるように，既存の制度をはじめとする社会資源を，支援に携わるコーディネー

表序－1　「寄り添い型支援」についての論文検索サイト検索結果

タイトル	著　者	掲載誌	発行年
生活保護自立支援プログラムが構想した自立の三類型：釧路モデルを基盤とした総合的・継続的・寄り添い型支援への展開	内田 充範	山口県立大学学術情報 11	2018
東京都荒川区における自殺未遂者支援	与儀 恵子	救急医学41(5)	2017
災害と地方創生：──中越地震の教訓を地方創生に活かす──	稲垣 文彦	農村計画学会誌 34(4)	2016
誰にとって，どのような「多重」「複合」?：当事者主体の「寄り添い型支援」の実現に向けて	竹端 寛	福祉労働（145）	2015
大学における寄り添い型学生支援体制の構築：中途退学防止の観点からの実践的アプローチ	川口 恵子［他］	尚絅大学研究紀要46(0)	2014
排除型社会と過剰包摂：寄り添い型支援事業の地域福祉的意味	加納恵子	地域福祉研究(41)	2013

（出典）CiNii（論文検索サイト）より筆者作成.

ターが繋ぐことによって，新たな支援の仕組みを作ろうと模索しているということである．これに対して，本書においてテーマとする〈よりそう支援〉は，「社会資源」として存在しているものをつなぎ合わせて新たな仕組みをつくると同時に，それ以上に着目しているのは，社会資源そのものが存在しないところで支援を始めているという点であり，これが本書の立ち位置である．

以上のように，政策的用語として広がってきている「寄り添い型支援」「伴走型支援」の分析をふまえた上で，本書ではそれとは異なる形での実践モデルとして，〈よりそう支援〉を，「福祉問題を抱える当事者とともに状況共有し，試行錯誤を繰り返しながら一緒に解決方法を考え，社会問題の可視化に挑戦し，必要に応じて社会資源を作り出し，さらには社会変革をも視野に入れた実践に取り組む実践家による地域福祉実践」と定義づけることとしたい．

1.1.4. 社会福祉の専門家像のゆらぎと「知」

福祉領域における専門家像のゆらぎに関する研究成果は一定蓄積されてきており，それらは専門職としての成熟度，業務分析など様々なアプローチによって行われてきた（Flexner. A., 1915；Greenwood. E., 1957；Etzioni, A. ed., 1969など）．しかしながら，社会福祉の専門性や専門職性は未だ議論の途上にありそのイ

表序－2 「伴走型支援」についての論文検索サイト検索結果

タイトル	著　者	掲載誌	発行年
精神障がいをもつ人の就労支援で求められる伴走型支援に関する一考察	菅井 夏子	ソーシャルワーク研究（1）	2019
伴走型支援を可能にする島根県信用保証協会の業務ポリシー（特集 信用保証協会による経営支援・事業再生支援）	小野 拳	事業再生と債権管理 33(1)	2019
福祉の現場から 自治会と協働した介護予防活動の取組み：健康寿命延伸をめざした伴走型支援	高井 逸史	地域ケアリング 20(14)	2018
知財ビジネス評価書による事業理解から伴走型支援による企業価値の創造へ：特許庁「中小企業知的財産金融促進事業」	小林 英司	リージョナルバンキング 68(9)	2018
学生支援部局との連携による「合理的配慮」の実践：ニーズの把握と伴走型支援，ユニバーサルデザイン型教育の構築	天池 洋介	日本福祉大学全学教育センター紀要（6）	2018
地域づくり活動への伴走型支援について	千葉 俊輔	地域開発 622	2017
報酬改定の検証2016年度調査から ケアマネ「不要論」に一石を！ 早期退院で頼りにされるケアマネジャー 在宅支える伴走型支援として評価を：藤井賢一郎委員長に聞く	—	月刊ケアマネジメント 28(6)	2017
若者への伴走型支援で高齢者も地域も元気に：新潟県 特定非営利活動法人 にいがた若者自立支援ネットワーク・伴走舎（人と人をつなぐ実践）	—	月刊福祉	2016
包括的な伴走型支援の展開：大阪市東淀川区の生活困窮者自立支援の取り組み	谷口 伊三美	公的扶助研究（83）	2016
中小企業への伴走型支援活動：高崎商工会議所での聞き取り調査記録	永田 瞬 井上 真由美	高崎経済大学地域科学研究所紀要 Science 51(1・2)	2016
包括的な伴走型支援の展開：大阪市東淀川区の取り組みから	谷口 伊三美	福祉のひろば 191	2016
生活困窮者への伴走型支援：福岡市におけるパーソナルサポート・モデル事業の成果と課題	稲月 正	社会分析（43）	2016
「川崎モデル」と称される，中小企業伴走型支援の生成と展開について（特集 地方創世と知財）	伊藤 和良	日本知財学会誌 12(3)	2016
仮想隊列制御を用いた福祉車両の伴走誘導	佐村 聡 松永 信智 岡島 寛	自動制御連合講演会講演論文集 59(0)	2016

【川崎モデル】と称される，中小企業伴走型支援の過去，現在，未来（特集 地域のしごとと自治体）	伊藤 和良	地方自治職員研修 48(11)，	2015
この一冊『生活困窮者への伴走型支援』奥田知志／稲月正／垣田裕介／堤圭史郎著	—	週刊社会保障 69(2813)	2015
書評『生活困窮者への伴走型支援：経済的困窮と社会的孤立に対応するトータルサポート』奥田知志・稲月正・垣田裕介・堤圭史郎著	益田 仁	社会分析（42），	2015
法令解説 小規模二法 商工会・商工会議所による小規模企業の伴走型支援：商工会及び商工会議所による小規模事業者の支援に関する法律の一部を改正する法律	—	時の法令（1967）	2014
地域を支える（755）なんもさサポート：合同会社・札幌市 伴走型支援で路上生活からの脱却を促進	—	厚生福祉（6052）	2014
基調講演 困窮孤立世帯に対する伴走型支援とはなにか：生活困窮者支援の現場から	奥田 知志	京都女子大学生活福祉学科紀要（10）	2014
婦人保護施設における伴走型支援：ライフステージごとの課題と母子統合への支援	池田 恭子 福島 喜代子	ソーシャルワーク研究 40(3)	2014
奥田知志・稲月 正・垣田裕介・堤圭史郎著，生活困窮者への伴走型支援：経済的困窮と社会的孤立に対応するトータルサポート	野口博也	社会福祉学 55(3)	2014
高等学校・通常の学級 伴走型支援で，進路の「意思決定」をめざす：一致した取り組みを大切にして	飯田 光徳	特別支援教育の実践情報 29(6)，	2013
静岡方式で行こう：地域を創る伴走型支援	津富 宏	所報協同の発見（246）	2013
多重債務世帯への社会的介入：「伴走型支援」を通した当事者の主観的意味への働きかけ	堤 圭史郎	社会分析（40），	2013
生活困窮者に対する伴走型支援への展望	大杉 友祐	月刊福祉95(12)	2012
カエル！生活保護：自立と共生による就労支援（熊本大学政創研 公共政策コンペ）	渡辺 孝太郎［他］	熊本大学政策研究（4）	2012
講演 雇用保険でもなく，生活保護でもない第2のセーフティネットと伴走型支援	湯浅 誠	Business labor trend	2010
“知財”を事業展開――中小・ベンチャー企業伴走型支援――設立1年（有限責任中間法人）知財事業協会の戦略システム	—	企業と知的財産（415）	2006

（出典）CiNii（論文検索サイト）より筆者作成.

表序－3　社会福祉学会における生活困窮者自立支援制度関連の口頭発表

タイトル	筆頭報告者	キーワード	報告年
生活困窮者支援制度における「中間的就労」の支援構造――支援事業所への聞き取り調査とグランデッド・セオリーによる集約の試行――	宮竹 孝弥	3つの自立支援，中間的就労自立，準労働	2018
生活困窮世帯の中学生への学習支援を通したプログラムの成果と課題―― A市社会福祉協議会の取り組みを手がかりに――	田中 将太	子どもの貧困，学習支援，学生ボランティア	2018
「釧路モデル」における「中間的就労」の位置と課題	大友信勝	釧路モデル，中間的就労，自立支援	2017
生活困窮者自立支援事業アウトカム評価からの考察――本来の制度目標は達成されるのか――	三宅 由佳	生活困窮者自立支援法，アウトカム評価，地域連携	2017
X市福祉事務所における「中間的就労」事業の検証と課題――釧路モデル比較分析――	内田充範	就労支援，多様な体験メニュー，セミナー研修	2017
対貧困政策の「自立支援」型再編の含意に関する一考察	堅田 香緒里	対貧困政策，自立支援，再分配と承認	2017
学習支援教室に参加した貧困世帯の子どもの語りにみるその意義と課題――高校生へのインタビュー調査から――	尾崎 慶太	学習支援教室，高校生の語り，健全育成に資するプログラム	2017
生活困窮者自立支援制度の枠組みと自治体の裁量	黒田 有志弥	生活困窮者自立支援制度，自治体，裁量	2017
生活困窮者自立支援法におけるアウトカム評価設計――支援による当事者の変化に着目して――	三宅 由佳	生活困窮者自立支援法，自立相談支援事業，アウトカム評価	2016
生活困窮者自立支援法への移行に向けた自立支援センターにおける支援の現状と課題――ホームレス自立支援センターに関する先行研究デビューを通して――	櫻井 真一	ホームレス，自立支援センター，就労自立	2016
堺市における生活困窮者自立促進支援モデル事業に関するプロジェクト研究――地域社会における生活困窮者の生活実態――	岡田 進一	生活困窮，地域福祉，自立促進支援	2015
生活困窮者支援における社会福祉協議会についての一考察――生活困窮者支援における他機関他職種連携の視点から――	前田 佳宏	生活困窮者支援，社会福祉協議会，他機関他職種連携	2015
低所得世帯児童を対象とする学習支援の効果に関する事例分析―― A市での実践から――	宮寺 良光	学習支援，生活課題，自尊感情	2015
朝日訴訟から考える現在の「生活困窮者問題」――朝日訴訟がもたらした社会の変化に着目し，「生活困窮者問題」の現在と今後を考える――	黒川 京子	生活困窮，尊厳・人権，ソーシャルアクション	2015
生活困窮者支援の制度運用をめぐる都市行政・社会福祉協議会の比較研究――アクションリサーチ結果の特性分析から――	平野隆之	生活困窮者支援，制度運用，アクションリサーチ	2014

（出典）筆者作成.

メージを端的に示すことは容易ではない（日和，2014）．また，2000年の社会福祉法改正，介護保険法施行，2006年の児童福祉法改正，2014年の障害者総合支援法，2015年の生活困窮者自立支援法など，近年日本における社会福祉制度改革は目まぐるしく，一方では地方分権化やサービス提供組織の多元化が強調され，他方では，地域における生活問題は多様化・複雑化し，福祉問題も従来の福祉の枠組みではその発生要因や，解決策を捉えきれない状況にある．多様な福祉問題を抱えた，ともすれば，福祉制度の網の目からこぼれ落ちている「制度からの排除状態[9]」（高良，2017）とも捉えられる人びとを地域において誰がどのように支えていくのか，地域における支援の仕組みづくりが喫緊の課題となっている．このような状況の中，2007年に「社会福祉士および介護福祉士法」が改正され，福祉専門職の一つと目される社会福祉士は，より高い実践力を持つ専門家としての養成が強調されている．これは，先に述べたような「今日的な福祉問題」へ対応を余儀なくされている資格・制度面からのアプローチの一つとして捉えられよう．

福祉専門家の専門性について，社会福祉士の倫理綱領では，国際ソーシャルワーカー連盟（IFSW），国際ソーシャルワーク学校連盟（IASSW）による「ソーシャルワークのグローバル定義」（以下，グローバル定義）に準拠するとされている．2014年に改正されたグローバル定義では，ソーシャルワークの基盤となる「知」について，従来の定義の解釈部分に明記されていた「エビデンスに基づく知（evidence-based knowledge）」の語が削除された．その一方で，ソーシャルワークの基盤の一つとして「地域・および民族固有の知（indigenous knowledge）」が強調され，必ずしも科学に裏付けられない，生活の知恵や，経験知をもソーシャルワークの実践の論拠になる知に含むとされた．三島（2017）は，このような状況について，科学を錦の御旗としてクライエントの思いを封じ込めることがあってはならないとして，実践の場面において在来知を含む，いわゆる従来の専門家ではない人びとの持つ知も尊重されなければならない時代になったと述べる．これは，1915年に開催されたフレックスナーの「ソーシャルワーカーは専門職か？」という講演以来，専門職化を目指すソーシャルワーカーたちが，ショーンのいうところの「技術的合理性」を追い求め，学問として体系化を試み，科学化を志向してきたことからの大きな方向転換の一つととらえられよう．

また，実践家の「知」について，三島（2017）は，インターネットの普及が「専門の人」でなくとも専門の知識にアクセスしやすい状況を生み出し，そのことが専門家の立ち位置を揺るがしていると述べる．つまり，かつて，社会福祉の専門職化が始められた頃，専門家と素人との間の情報量の差は歴然としていたが，PC やスマートフォン，インターネットの普及は，専門知が拡散する速度や量を飛躍的に伸ばし，素人であっても専門家の依拠する「知」に近づこうとすればいつでも近づくことを可能にしたという．そして，「素人判断」が現場を混乱させることがあると前置きした上で，このような状況が専門家の優位性を揺るがしてもいると述べる．また，松繁（2007）は，「医療機関で自分に処方された薬の概要や，自らの症状からどのような疾病を疑うべきか，などといった事柄について確認するために，今日我々はインターネットや書籍などを参照することで，容易に医学情報を得られるようになり，実際に多くの患者がこのような学習作業を通して実質的な知識を獲得している」（松繁，2007：112）とし，「いかに素人がこのような情報収集を繰り返したところで，知識量および資格の有無という点において「専門」の範疇からは斥けられる」（同上）としつつも，素人が得るこのような情報は，医学に立脚していると目されている点においては，専門職知識との関係性でいうと同質の関係に位置すると述べる．このように，これまで専門家に特権的に集中していた「知」は，情報へのアクセスが容易になったことにより，誰もが手に入れることが可能になった．もちろん，手にした「知」をどのように捉えるのかという情報リテラシーの問題は存在しているが，情報へのアクセスということについては，専門家であるか否かということでの線引きは従来よりもあいまいになりつつある．これもまた，専門家像や専門性ということのゆらぎをもたらす一つの要因であると考えられる．

このような状況のもと，「今日的な福祉問題」に対応しようという動きは，実践面および制度面から始まりつつある．しかしながら，本書で〈よりそう支援〉と捉えるような実践の詳細な分析や，担い手の役割，その支援スタイルについてはまだ社会的，政策的な合意を得るには至っていない．これが，本書に取り組むことの背景要因である．

1.2. 本書の問題意識

前節で述べた背景のもと，本書では，以下のような問題意識をもって，福祉実践家について検討をする．それは，なぜいま〈よりそう支援〉が注目をされ必要とされているのか，〈よりそう支援〉の持つ社会的な意義とは何か，〈よりそう支援〉と従来の福祉専門家による福祉実践との間にはどのような共通点や相違点があるのか，ということである．さらに，〈よりそう支援〉を今後どのように発展させ社会的に根付かせていくのか，単なる目の前の人への支援にとどまらず社会との接点をどのように構築していくのかということも本書における問いである．

このような問いのもと，本書では，ショーン（1983a）の「省察的実践者」という専門家像が，「今日的な福祉問題」に対応する〈よりそう支援〉に取り組む実践家のあり方を考える際の手がかりになり得るのではないかとの立場をとる．ショーンはその主著『The Reflective Practitioner: How professional Think in Action＝省察的実践とは何か――プロフェッショナルの行為と思考――』（1983a＝2001・2007）において，省察的実践者を次のように概念化している．すなわち，「省察的実践者」は，これまでに確立されてきた既存の知と技術（形式知）に裏付けられた技術的合理性にもとづく「技術的熟達者」と対置される新しい専門家像で，課題解決の方法やその専門性は，均質化・標準化した合理的な技術として存在するのではなく，実践の中で，援助する人と問題を抱えている人や状況との相互のやり取りや，状況との省察的な対話から得られる知（暗黙知）の中にあるとする．つまり，ショーンは，従来の専門性の見地からは非科学的なものと考えられてきたこのような実践の知（暗黙知）を正当に評価し，その有用性を明らかにしたとして評価されている．省察的実践という概念は，「実践的認識論（practical epistemology）」に基づくものであり，哲学者で教育思想家のジョン・デューイの「省察的思考（reflective thinking）」に由来する．「省察的実践者」の「省察」とは，大辞林によると「自らかえりみて考えること」を意味しており，ショーンは，省察的実践者はその実践において，自らの言動を振り返ること（リフレクション＝省察すること）を行為の中心に据え，「状況との省察的な対話（conversation with action）」「行為の中の省察（reflection-in-action）」「行為についての省察（reflection-on-action）」の3点を概念としてまとめている．

複雑化，複合化する現代の地域社会において，そこでおこるさまざまな生活上の問題は，従来の社会福祉制度ではその網の目からこぼれおちてしまい，その問題の所在や，解決のための道筋を見つけにくくなっている．そしてそこでは，これまでのような既存の社会資源を当事者に〈あてはめる支援〉とも言える問題解決方法ではない，新しい支援のスタイルが求められている．このような状況を鑑みると，実践の知に着目したショーンの省察的実践者という視座は，変容する現代社会の要請にこたえうる実践家像とその支援スタイルの構築を可能にするのではないかと考える．これが本書において，ショーンの概念を用いることの理由である．

以上をふまえ，本書では，〈よりそう支援〉に取り組む福祉実践家の実践に着目して，「今日的な福祉問題」に対応するためには，具体的には，誰がどのような働きをすることが必要なのか，とくに福祉実践家たちはどのような理念や価値観をもってその実践に取り組むべきなのか，どのような福祉実践の展開がいま必要とされているのかということについて論ずる．

ここで一言付け加えておくのは，本書でとりあげる福祉実践家の実践は，社会福祉士や精神保健福祉士，介護福祉士のような福祉に関わる国家資格を有している専門分化されたスペシャリストとしての「専門職」の実践や専門職制度そのものを否定するものでも排除するものでもないということである．三井が「専門職のケアは，生活モデルに基づいた地域包括ケアにおいて，むしろ必要性が増している」（三井，2018：35）と述べるように，誰もがどのような状況にあったとしても，住み慣れた地域で十分なケアを受けながら暮らせる社会を現実のものとしていくためには，生活全体を視野に入れた支援の仕組み作りが求められる．つまり，本書では，支援を担う者を，専門職制度に基づく資格を有する専門家なのか，もしくは，専門職制度に基づかない非専門家なのかと二分項にて一律に捉えるのではなく，状況と環境に対応してその姿を変え得るような，グラデーションを持つものとして捉えたいと考える．

1.3. 本書の分析視座と新規性

本書は，「今日的な福祉問題」に対応しようとする福祉実践に取り組む事例を，現場に足を運びつつ，当事者の声に耳を傾けるという社会臨床的手法をもって分析している．具体的には，「省察的実践者」という専門家像を手がかりにして〈よりそう支援〉の構造分析を行う．学術的独自性と創造性は以下の3点にまとめられる．

まず，「省察的実践者」という専門家像を指標としながら，〈よりそう支援〉に取り組む実践家モデルを具体的実践の中に発見することに本書のオリジナリティがある．本書では，これまで社会的に認知されてきた福祉専門家とは区別される，社会からの要請に応える形で登場してきた福祉の実践家を〈よりそう支援〉に取り組む実践者として捉える．具体的には，問題解決の糸口を当事者と一緒に考え探り，ときには生活の中での生きづらさを抱える人びとに寄り添い，伴走する実践家のことである．

また，本書における具体的な実践の分析は，「今日的な福祉問題」を抱えて支援を必要としている人びとに対する「支援のエビデンス」の蓄積を可能にする．これは，これまでの社会において合意された福祉専門職制度をより豊富化させると同時に，その専門性の社会化にもつながる研究である．

さらに，本書は，福祉分野における〈よりそう支援〉の構造分析による実践家像の探求をテーマにするものであるが，「省察的実践者」という専門家像に照らし合わせながら，支援プロセスの分析を通して，福祉実践が「連帯と共生の市民社会」の創造にどのように貢献し得るかという社会開発のツールとしての社会福祉の可能性を問うことにも連なる研究ともなると確信している．

1.4. 本書の調査・研究方法

本書では，福祉実践，社会福祉専門家教育についての文献研究と，ショーンの省察的実践者という専門家像を手がかりにした〈よりそう支援〉に取り組む実践および実践家への臨床研究を行う．

福祉実践の現状については，まず，主に一番ケ瀬康子，岡本民夫，伊藤淑子らの研究成果に依拠し，文献研究によってその歴史的展開についてまとめた．次に，「今日的な福祉問題」に対する実践として，「生きづらさを抱える若者・子どもの問題」「労働・雇用形態の変化による貧困の問題」「家族の多様化による地域・家族の問題」に取り組む実践者を対象に，インタビュー調査，文献や映像資料等を用いた実践の分析を行った．

実践の分析にあたっては，真田是の「社会福祉の対象の二重構造」を援用しモデル化した「福祉実践の四象限」を提起し，分析指標として用いている．これは，福祉実践を「政策」と「実践者」という視点から分類したものであり，つまり，福祉実践が政策の対象として認識されているか否か，その実践を担うものが何らかの専門職制度に裏付けられているか否か，という視点で捉えている．

2．本書の構成

本書は，序章・終章および4章の論文で構成されている．

第1章では，「地域における福祉問題の広がり――胎動する福祉実践――」として，広がる生活問題の様相について「生活の社会化論」を用いながら，その発生の背景要因を明らかにするとともに，地域に胎動する福祉実践について述べている．第1章において多領域における福祉実践を取り上げその様相について述べた理由は，〈よりそう支援〉が求められる背景には，従来の私たちの生活の実態が生活の社会化によって変容しつつあり，そのことが生活の格差をも拡大していると考えるからである．つまり，〈よりそう支援〉が現代において求められるその前提となる状況を整理しており，第3章以降の省察的実践者を手がかりにした〈よりそう支援〉の分析のための全体把握として位置づけるものである．

第2章では，「福祉実践の歩み」として，戦前から現在まで続く福祉実践がどのような歴史的変遷を経てきたのか，主に文献研究によって整理している．福祉実践がいつ，どこで，どのように誕生し，それが日本ではどのような進展を遂げ，現在に至っているのかを述べている．また，1980年代の社会福祉士の国家資格化の経過やそのプロセスで議論されたことについてまとめている．

第3章では，「新しい福祉実践の分析」として，従来の福祉政策が対象とすることなく放置してきた「今日的な福祉問題」に対応しようとする実践を取り上げ，その実践における支援の特徴をインタビュー調査や出版物などの公開資料によって整理している．本章では，福祉実践の分析を行う際の枠組みとして，真田是の「社会福祉の対象の二重構造」を援用しモデル化した「福祉実践の四象限」を提起している.

第4章では,「省察的実践と〈よりそう支援〉」として,まずショーンの「省察的実践者」の特性を整理している.そして,第3章で支援の行為の特徴を整理した〈よりそう支援〉の実践事例を再度取り上げ,「状況との省察的な対話」「行為の中の省察」「行為についての省察」という省察的実践者の三つの概念に当てはめて分析を行っている.

終章では,「〈よりそう支援〉に胎動する実践家モデル」として,本書で明らかとなった〈よりそう支援〉に取り組む福祉実践家を「当事者とともに考え一緒に行動する」「ゆらぎを肯定する」「社会問題を可視化し社会資源化する」実践家としてモデル化することを試みている.最後に,本書で言及しきれなかった問題や残された課題について述べている.

注

1） なお,本書で取り上げる〈よりそう支援〉とは,生活困窮者自立支援事業における「寄り添い型支援」や「伴走型支援」といったような政策的合意を得て取り組まれる実践とは一線を画すものである.本研究では,先行する知見に学びつつも,これらとは異なる独自の実践および実践家モデルを提起することを試行しており,それゆえ〈よりそう支援〉と表記することとする.

2） 本書では,「福祉実践」を日本国憲法の生存権規定を基礎とし,現代社会の諸矛盾から引き起こされる人びとの生活困難／生活問題を解決するための実践活動と捉え,「ソーシャルワーク」と同義に捉えることとする.

3） これは,全国公的扶助研究会第50回全国セミナーを振り返っての座談会での発言（吉永ら,2018）であるが,これによると,かつての福祉職場では研修会や研究会が行われ,先輩や上司から仕事のヒントをもらい,自らの実践と向き合う場が設定されていたが,今はそのような場がないという.さらに,このような研修会は,自らの実践を振り返るだけではなく,「何も疑わずに国のやり方をそのままするのは違うと思っていた」と,福祉実践家として目指すものが自らのなかに確立されていく場として機能していたことがわかる.

4） https://ci.nii.ac.jp/（最終閲覧日：2019年6月10日）.

5） たとえば,内田（2018）は,川崎市「だいJOBセンター」による生活困窮者自立支援制度の実践事例を取り上げ,現行の生活保護自立支援プログラム及び生活困窮者自立支援制度の課題をプログラムの内容が経済的自立に偏重している点を指摘している．また，稲月（2016）は，福岡市で取り組まれた「福岡絆プロジェクト」の効果測定を行い，伴走型支援を推し進めるためには，半福祉・半就労といった形での生活が可能となるような仕組みづくりが重要であることを述べている．

6）厚生労働省「第6回社会保障審議会生活困窮者の生活支援の在り方に関する特別部会」の参考資料によると，2012年2月「生活保障・税一体改革大綱」において「生活支援戦略」（後に「生活支援体系」に名称変更）が盛り込まれ，生活困窮者対策の充実強化と生活保護制度の見直しが打ち出された．その後，2012年4月には，社会保障審議会に「生活困窮者の生活支援の在り方に関する特別部会」が設置されて審議が重ねられ，2013年1月，この特別部会によって報告書が取りまとめられた．これを踏まえて，2013年5月に今後の生活困窮者対策・生活保護制度の見直しを総合的に取り組むべく生活困窮者自立支援法案および生活保護法の一部改正法案を国会に提出，一度廃案になったが同年10月に再提出し，12月に成立・公布となった．

7）法施行時点の自立相談支援事業は，「直営」が40.3%，「委託」が48.9%，「委託＋直営」が10.8%となっており，全体の約6割が委託である．その委託先の内訳は，「社会福祉協議会」が76.0%で圧倒的に多く，「NPO 法人」が12.6%，「社会福祉法人（社協以外）」が8.0%となっている．

8）2014年にスタートした認定資格制度であるが，2018年までに2級については15回の講座が実施され，登録者は726名，1級については4回の講座が実施，登録者80名となっている．

9）高良（2017）は，「制度からの排除状態」を，社会福祉関連法制度の機能不全によって，生活問題を体験している人が，その問題を軽減あるいは解決するためのニーズを充足できていない状態とし，法制度が存在していない場合と法制度が存在していてもニーズを充足できていない場合とに分類する．

第 1 章

地域における福祉問題の広がり

——胎動する福祉実践——

いま，私たちの暮らしの中には，これまでの社会においては「福祉問題」として認識されてこなかったような現象が生まれている．これらは，社会構造が複雑化・複合化するなか，定位性を失い激しい変容過程に置かれている諸問題として捉えることができる．そして，従来の社会福祉制度や専門職制度の枠組みとの乖離が激しく，既存の解決方法だけでは対応しきれない問題でもある．いわゆる社会制度の機能不全によって生じている「今日的な福祉問題」と言える．

山田（2017）は，このような機能不全に陥っている日本社会の状況を，米経済学者のアラン・トルネソンの言葉を借りて「底辺への競争」という言葉で表現する．「底辺への競争」とは，グローバル化が進むなか，世界規模で繰り広げられる経済競争の結果，労働者の賃金や社会保障が最低水準にまで落ち込んでいくさまと定義される．ただ，アメリカでは，経済構造の転換を伴うグローバル化による労働状況の変化によって，ただちに「（社会の）底辺」が生み出され，若者の貧困化・下層化に直結した一方で，日本では最低限度の生活もできないほどの貧困化・下層化ではなく「下流化」が生じたという．下流とは，山田の定義によると「最低限の生活はできるけれども，いまよりも裕福になること（上昇移動＝中流になること）が期待できない状態」のことである．そしてこの底辺への競争には，今の日本社会がはらんでいる問題，とりわけ社会保障制度や労働慣行の問題点が端的に現れていると述べ，次のように例示する．「たとえば，これまでは，本人が望めば，すべての男性が正社員・正規職員になれる．本人が望めば，すべての男性が結婚でき，かつ，離婚しない．すべての正社員・正規職員の夫が専業主婦の妻や子どもを養うような「標準家族」を作ることができる（傍点筆者）」（山田，2017：17-18）社会であったという．つまり，「標準的」なライフコースモデルを前提にして，現行の社会保障制度や労働慣行は作られており，それは同時に，既存の標準から外れてしまうと下流に転落していく可能性が非常に高くなるということを意味する．さらに，加えると，学校卒業時に正社員になれなかった人は，その後の就職活動で新卒よりもよりいっそう厳しい状況にさらされることや，結婚や子育てを機に正社員をいったんやめると，その後パート職でしか職が得られないなど，正社員に戻るのは極めて困難である状況などをみても，今日の日本社会においては下流への転落は，上昇機会がほぼない状況になることを意味していることがわかる．このように下流化がすすむ社会において，私たちの暮らしを取り巻く環境や，そこで暮らしの中で起こる諸問題に変化が生じている．つまり，これまでであれば問題として認知されてこなかったような現象が，多方面にわたって当時多発的に発生しているのである．

では，このような「底辺への競争」状況のなかで発生している，これまで認知されてこなかったような社会現象とはどのようなもので，私たちの暮らしの中では具体的にどのような問題として発生しているのだろうか．さらに，その発生の背景にはどのような社会構造の変化や機能不全の状態が存在するのだろうか．以下の節において，広がりをみせる諸問題の状況について述べていきたいと思う．

1．広がる福祉問題の様相

本研究では，私たちの暮らしの中で起こっている諸問題の背景には，「生活規定力」の変化があるとする．「生活規定力」とは，津止（2009）によると「生産と生活の社会化の進展度合い」のことで，生産と生活の社会化がどの程度進展したかをはかる指標として，雇用・労働条件の水準や，都市化の進展度，家族構成・機能の変化，高齢化・少子化の進行などをあげる．これは，いわゆる，「生活の社会化論」に依拠するものである．

生活の社会化とは，「生活が閉鎖的で孤立・分散的な状態から社会的に交流し相互に依存しあるいは結合しあう状態に変わり，その程度を高めること」（相沢，1986：21）である．社会性が増大している状況ともいえよう．相沢は，戦後の日本の国民生活は，経済的，政治的な諸契機に規定されて大きく変化したとし，とくにその変化の内容を，経済の高度成長，生産と資本の集積・集中・独占化と工業化による労働および消費生活の社会化であったと，その特徴を述べる．つまり，労働力と生活手段の商品化が進み，市場のサービスによって人びとの生活が自立し，かつ流動，交流するということである．

この「生活の社会化」について，真田（1995）は，「生活の社会化が社会福祉の形成と展開を促す関連がまずある」（真田，1995：88）とする．そして，社会福祉にとっての生活の社会化について論じている．それはつまり，商品経済の広がりと労働力の商品化の進展は，旧共同体型生活様式を解体させ，それにともなって共同体型生活様式に内包されていた相互扶助機能をも解体，後退させる．そのため，生活支援の仕組み＝社会福祉の仕組みを新たに作り出さなければならない．しかし，新たな仕組みといっても，それは勝手に作り出されるものでもないし，その形は何でもよいわけではない．今の資本主義社会に適合的なものでなくては現実化しない．ここで，生活の社会化と社会福祉の関連が浮かび上がってくる．「社会福祉は，資本主義の発展とともに生活の社会化の影響を受けはじめる」（真田，1995：87）というように，つまり，生活の社会化は，変化する社会の仕組みによって解体，後退した生活支援機能を，その社会の仕組みのなかに適合的かつ現実化可能な仕組みとして発展させるものである．

さらに真田は，生活の社会化を生み出すのは，資本主義社会が固有に備える特徴であるが，生活の社会化は一過性の変化ではなく，人間生活にとって法則的なものとしてとらえる．つまり，生活の社会化は，資本主義が変化したり，別のものになったりすることによって消えてしまうのではなく，人間社会にひとたび登場すると人間社会と歩みをともにし，変化，発展するという．生活の社会化は，資本主義によって推進された社会的分業が生産性を高め，生産力を追求することで発展させられるが，資本主義の形が変わったとしても，社会的分業はその後の社会を貫く社会の仕組みとして，つまり「歴史貫通的」なものとして存続し続ける．

歴史貫通的なものとして社会的分業の仕組みが存続し，そこから発生する生活の社会化が社会福祉に影響を与えるというのであれば，社会福祉はなくなることはない．なぜなら，社会福祉が対象とする諸問題は，ある社会のなかでの解決策を見出せたとしても，常に社会は変化し続け，新しい社会のなかで新たな問題として発生するからである．

それでは，私たちの社会には，どのような福祉問題が広がりつつあるのであろう．（1）こどもや若者に関する問題，（2）貧困に関する問題，（3）家族や地域に関する問題を取り上げ，先行研究をもとに，問題状況の実際を整理するとともに，それらに対応するために取り組まれている実践について述べる．

1.1. 生きづらさを抱えるこどもや若者の問題

社会のなかで生きづらさを抱えるこどもや若者が増えている．

日本のこどもや若者は，他の先進諸国に比べて孤独や将来に対する不安を強く感じているとする統計結果がある．たとえば，少し古いデータではあるが，2007年にユニセフが行った調査（図1－1）では，「孤独を感じる」とこたえた日本の子どもは29.8％で，経済先進国24カ国のなかで第1位，第2位のアイスランドとは3倍もの開きがあった．また，日本の子どもたちは，諸外国に比べ自分の将来に明るい希望を持てないでいる．図1－2は「将来に対する不安感」の国際比較であるが，23カ国平均の5.5人を大きく超え，10人中8.5人が「将来を心配」している．さらに，「将来に自信を持っている」と答えたのは，10人中1.5人だけである．

なぜ，未来を担うはずの若者たちが，「生きていてよかった」「私はここにいていいのだ」と自信を持って言えない社会なのだろう．こどもや若者たちの問題は，なにか彼ら自身に非があって生じているわけではない．そこには，社会のひずみ，構造的な問題が存在しているはずである．では，いま，こどもや若者たちはどのような状況にあり，具体的にはどのような問題をかかえているのだろう．以下，整理してみたいと思う．

1.1.1. 若者無業者

いま，無業状態にある若者が増えているという．

無業状態が社会全体に蔓延している状況について，工藤・西田（2014）は，「無業社会」といい，「誰もが無業になる可能性があるにも関わらず，無業状態から抜け出しにくい社会」（工藤・西田，2014：20-21）と定義づける．誰もが無業状態となる可能性があるにも関わらず，当事者の自己責任を問う無業への誤解

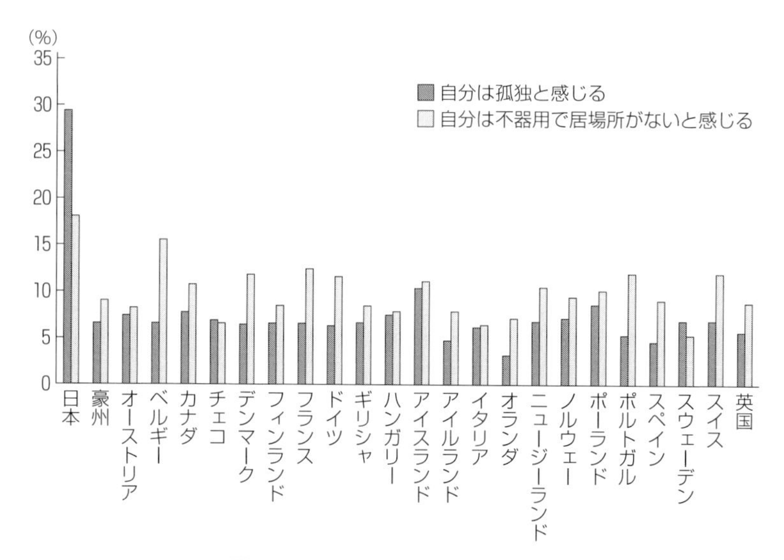

図1－1　子どもの孤立（国際比較）

（出典）UNICEF InnocentiReserch Center（2007）より．

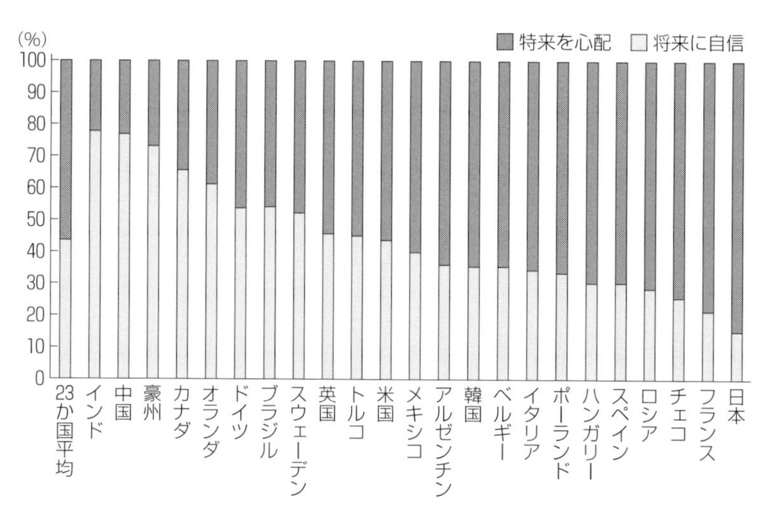

図1－2　将来に対する不安感（国際比較）

（出典）トムソン・ロイター・ニュースサービス社によるIIPSOSへの委託調査（2010）より．

等により，多くの人は，無業は自分とは関係ないものとして認識をしている．このような無業者の中でも，とくに若年無業者の増加は著しい．若年無業者という言葉にはいくつかの定義が存在するが，厚生労働省や内閣府は「15〜34歳の非労働力人口のうち，家事も通学もしていないもの」とする．失業者とは，求職の意志があり，求職活動を行っている人を意味するので，無業は失業者には含まれない場合が多い．また「ニート（NEET）」は教育機関に在籍しておらず，雇用されておらず，何らかのトレーニングを受けていない状態を意味するので，就労のためのトレーニングや研修を受けている場合もある「無業」は必ずしもニートと同義とは限らない．

人間関係の繋がりや社会生活とモチベーション，就労とのあいだには，フィードバック・ループ（フィードバックが結果を増強すること）があるとされている．これは，いずれかの要素がポジティブな状態にあるときは他の要素もポジティブになるが，逆にいずれかがネガティブな状況になると全体がよりネガティブな方向へ向くことが指摘されている．このような関係性の負の側面を，貧困者の支援活動に携わる湯浅誠（2008）は「すべり台社会」，稲葉剛（2016）は「ドミノ倒し」という表現を用いて表す．つまり，一度無業状態になると，人間関係や社会的関係資本，そもそも意欲も失ってしまいがちであるということである．山田（2017）も一度失敗するとやり直しがきかない現代社会の傾向を指摘している．人間関係を喪失すると，アドバイスや支援をもらうことも難しくなり，自己肯定感やモチベーションにも悪影響をおよぼしがちである．「若年無業は自業自得」「若年無業者は自分とは全く無関係で，批判される対象」であると社会的に認識されがち（西田，2015）であるが，『子ども・若者白書』『若者無業者白書』（2015）によると，若年無業になってしまうきっかけは，病気やけがであったり，景気の低迷や労働環境の悪化であるとされており，若年無業者の状態の改善は，自助努力だけではなく，社会的な支援や構造の変化が必要であるといえよう．しかしながら，日本では人材育成の機会を学校と企業が事実上独占してきた．したがって，学校や企業からいったん外れてしまうと，再び労働市場に戻るためのルートや学びの機会を得ることは容易ではない（西田，2015）．「日本型システム」という日本社会の特徴が変化しようとしているにも関わらず，高度経済成長期を前提とした政策，社会保障の仕組みで対応しようとするため，そこには齟齬が生じ，十分に対応ができなくなっている．

若者無業者をはじめとした若者と仕事についての先行研究は，無業社会を定義づけその現状と支援についてまとめた研究（西田・工藤，2014；西田，2015），子ども・若者支援という教育・福祉的支援に関わる専門職の概念と構造について検討した研究（生田，2017），1990年代以降から現在にいたる若者研究の変遷をまとめた研究（宮本，2015），若者無業者の自立支援事業に取り組む地域若者サポートステーションの実践を分析した研究（大西ら，2014；田中，2014）などがあり，広く若者のおかれている現代的状況を捉える研究から，若者支援の実践研究，若者に関わる教育や福祉の専門職のあり方について取り組まれていることがわかる．

このような若者無業者への対応として，生活困窮者自立支援法において制度的な枠組みを用いて，就労支援が取り組まれている．ここで取り組まれているのは，従来の就職を目的とする支援だけではなく，就職するにいたるまでの生活支援や，生活支援をしながらの就職支援という「中間就労」といった支援の形をとるという特徴がある．また，生きづらさを抱える若者の「居場所」といったNPOや市民活動団体，ボランティアグループによる実践も拡大をみせている．

1.1.2. ひきこもり

厚生労働省によると，ひきこもりは「様々な要因の結果として社会参加（義務教育を含む就学，非常勤職を含む就労，家庭外での交遊など）を回避し，６カ月以上にわたっておおむね家庭にとどまり続けている状態を指す現象概念」と定義される[1)]（厚生労働省，2010）．ひきこもり状態にある人は，内閣府によると国内に50万人いるとされ[2)]（内閣府，2016），前回の調査[3)]（内閣府，2010）では70万人だったので，単純に数字だけみると20万人程度減少したようにとらえられる．しかし，これらの調査は，対象を39歳までとしており，ひきこもりの長期化・高齢化が指摘されるなか，実態を把握しきれていない可能性がある（斉藤，2016）．

ひきこもりの長期化・高齢化については，2017年12月30日の朝日新聞において「8050危機」として問題提起がなされた．この記事では，ひきこもる中高年の子どもを支え，老後を迎えてもなお保護者の役割から逃れられない高齢の親が増加していること，80代の親と50代の未婚の子の世帯が地域の見守り・支援制度のはざまに落ち込み，困窮してしまうこと，親亡き後の子世代は，無年金高齢者になることも考えられ，貧困と隣り合わせの問題であることなどが指摘されている．これらの問題が生じた背景には，平均寿命が延びて老後が長期化し，70代，80代でも子どもの面倒をみることが体力的にも，気力的にも可能な親が増えたことや，生涯未婚率の急上昇などがあげられる．加えて，バブル崩壊後の非正規雇用やリストラの増加，若者の雇用劣化の影響もあると考えられる．ひきこもりは，長期の経過をたどる中で，相談・医療・教育・就労などさまざまなニーズが複合で気に生じる特徴を持っており，ニーズに合わせた複数の社会資源の調整，総合的かつ継続的な支援が求められる（西元，2012）．

このような状況であるにも関わらず，先にも述べたように，内閣府のひきこもりの実態調査は15歳～39歳を対象としており，ひきこもりの実態を国が正確に把握できているとは言い難い．先行的に，中高年ひきこもりの実態調査を行った自治体の調査結果によると，中高年ひきこもりが増加していることは明らかであり（山梨県の「ひきこもり等に関する調査結果[4)]」によると40代以上の中高年層のひきこもりの数は6割を超えている．），「ひきこもりは青少年問題から中高年問題に移行している」とする見方もある（KHJ 全国ひきこもり家族会連合会，2016）．

ひきこもりに関する先行研究には，ひきこもりを広く社会に知らしめた研究（斉藤，1998）や，精神疾患や発達障害を要因としない「社会的ひきこもり」について分析する研究（長谷川，2007），ひきこもり地域支援センターの実践から支援方法を分析する研究（西元，2012；草野，2014）や，現代日本のひきこもり問題について精神病理学的に考察する研究（濱崎ら，2018），ひきこもり当事者らのセルフヘルプグループ活動についての研究（田添，2015；2016；岩田，2017），ひきこもり当事者らの心理的特徴を分析する研究（古志ら，2017）などがある．とくに，近年の特徴としては，ひきこもり当事者らが自らの言葉で語り始めたことである．

ひきこもりへの支援については，「ひきこもり地域支援センター」で，生活困窮者支援との連携も強化しつつ精神科医や保健師，臨床心理士，社会福祉士などによって相談支援などに取り組まれている．また，ひきこもりの元当事者や家族による電話相談に取り組むセンターもある．他にも，ひきこもりの子どもたちの学習支援や，社会参加を支援する実践に取り組むNPOなどもある．

1.1.3. 不　登　校

文部科学省の調査[5]（2020）によると，全児童生徒数に占める不登校の児童生徒数の割合は，この20年間で1.5倍に増加し，過去最多となった（図１－３）．文部科学省は調査報告書のなかで，「昨今の不登校理由も多様化・複雑化している」と述べるように，不登校の背景には学校における子どもたちの生活や環境だけではない，社会的な構造が影響しているように思われる．

では，子どもたちは，なぜ学校へ行かなく／行けなくなるのだろうか．「不登校に関する実態調査」（文部科学省，2014）によると，不登校のきっかけとして，いじめなどを含む「友人との関係」が52.9％（複数回答）でもっとも多く回答されていた．2001年に行われた同様の調査でも，「友人との関係」が44％でもっとも多かった．調査結果をみると，その他にも，「勉強がわからない」（31.2％），「先生との関係」（26.2％），「クラブや部活動の友人・先輩との関係」（22.8％）と学校生活をめぐる問題や，その影響に関する項目が高くなっている．その一方で，見過ごせないのは，家庭での生活や家庭環境をめぐる問題もけっして低くないということである．たとえば，「生活リズムの乱れ」（34.2％），「親との関係」（14.2％），「家族の不和」（10.0％）という結果になっている．一部の不登校の背景には，「貧困問題」や発達障害，外国籍の子どもや無国籍の子ども，DVや虐待の被害者というケースがあることもこの実態調査では指摘されている．また，近年では家族の介護をするヤングケアラーも不登校につながるという結果もある（澁谷，2018）．これらの背景には，「一度つまづくとやり直しのきかない社会」であったり，「学校」以外の教育の場がないといった社会構造も影響をしているのではないだろうか．

不登校に関する先行研究は，不登校児と家族の関係を分析した研究（増田ら，2004；青田，2005；梶原ら，2009；山本，2010），不登校児の母親への支援実践について分析した研究（門田，2004）や，不登校児本人の感情やストレスなどを分析対象とした研究（田山，2008；命婦ら，2010），多様な教育実践と公教育との比較を行った研究（土岐，2017）などがある．

このような子どもの抱える問題に対しては，スクールソーシャルワーカーの

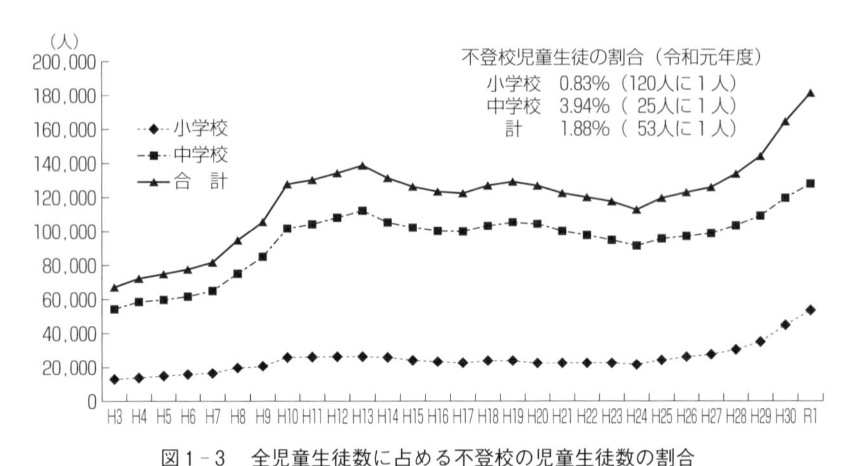

図1－3　全児童生徒数に占める不登校の児童生徒数の割合

（出典）文部科学省「令和現年度 児童生徒の問題行動・不登校等生徒指導上の諸課題に関する調査」より.

配置[6]などによって対応が進められている．スクールソーシャルワーカーは2008年にスクールソーシャルワーカー活用事業が創設されて以来，徐々に認知度が高まり，配置人数も増加傾向にある．教育行政に身を置きながら，教育とは異なる立場から子どもや家庭の支援を展開するスクールソーシャルワークは，いじめや不登校，暴力行為，児童虐待など子どもを取り巻く生活問題への対応が期待されている．また，スクールソーシャルワーカーの配置だけではなく，文部科学省の調査[7]（2015）によると，たとえばNPO法人などが運営するフリースクールや親の会，学習塾といった従来の学校とは異なるオルタナティブな教育実践に取り組む場も2000年代以降増加している．この調査によると，このような実践に取り組むのは，教員免許や心理や福祉に関わる資格を持つものが全体の6割で，資格を有さないものが4割という．また，従来の学校機関と連携をしている団体もあり，土岐（2017）はこのような状況について，「境界が不明瞭となった公教育と私教育の連携によって，生徒の多様なニーズにこたえている状況がある」（土岐，2017：119）と述べる．

このように，従来は子どもの生活問題は福祉問題として，学校での問題は教育問題として，と領域ごとに対応されていたことが，徐々に福祉と教育が連携をとりながら，子どもたちの生活を丸ごととらえるような実践も生まれてきている．

1.1.4. 若者の自殺

日本の自殺死亡率（人口10万人あたりの自殺者の数）は，厚生労働省の『人口動態統計』によると，2003年の25.5をピークに減少傾向にあり，2014年には19.5まで下がっている．警察庁の自殺統計にもとづく年間自殺者数は，1998年以降14年連続して３万人を超える状況が続いていたが，2016年は21,897人で22年ぶりに２万２千人を下回った（2017年は21,140人）．自殺者数の減少は，近年の自殺防止施策[8]の効果とも考えられるが，一方で，若者の自殺率が他国と比較すると高くなっている．『自殺対策白書』によると，自殺と事故の死亡率を先進７カ国で比べて自殺が事故を上回ったのは日本だけで，「若い世代の自殺は深刻な状況にある」とまとめている[9]．2017年には神奈川県座間市で，自殺願望をもつ九人の若者が，SNSを通じて知り合った男に殺害されるというおぞましい事件がおこった．この事件の報道がなされるなかで，「死にたいとSNS上でつぶやいたことがあるか」や，「自殺したいと思ったことがあるか」などといったインタビューがなされていたが，そこでは少なくない若者らがそういった経験があると回答をしている[10]．

15歳～24歳の自殺率は90年代以降つねに上昇し続けており，欧米諸国が減少傾向にあることと真逆の状況である．2016年の20代の自殺の原因上位は，うつ病，統合失調，その他の精神疾患，仕事疲れとなっており，ここには将来への閉塞感や，過重労働の蔓延といった社会状況があるのではないかと考えられる．この状況は，どの年齢層にも同様に当てはまることではあるが，自殺率が上がっているのは若年層だけである．1997年から1998年の経済状況の急激な悪化は中高年男性の自殺の増加をもたらし，この時期自殺者数も３万人を超えたが，近年では景気回復の影響もあってか減少している．さらに，高齢者の自殺者数は高齢層に重点をおいた自殺防止施策の効果により中高年同様に減少している．

自殺や若者の自殺をテーマにした先行研究には，スクールカウンセラーが行う自殺予防教育に関するもの（石倉ら，2016）や，社会学的視点から孤立した貧困者らの自殺予防に対する積極的労働市場政策の効果を検討した研究（柴田，2014），社会病理学の視点から自殺や少年犯罪と生活満足度の相関関係を分析した研究（土井，2015），インターネット報道と自殺との関係を分析した研究（末木，2011），地域ケアの視点から自殺予防に関する実践を検討した研究（竹島ら，2013；岡，2013；2017；森川，2016）などがあり，社会学的に自殺の発生するメカニズムを解明しようとする研究や，自殺予防の取り組みに関する多領域における実践を分析する研究に取り組まれていることがわかる．

このような若者の自殺率の高さという状況に対して，自殺は社会的な対策があれば避けることができる死であるとして，「つながり」をキーワードに自殺対策に取り組む実践も始まっている．たとえば，今すぐ助けがほしい人に向けた24時間の電話相談であったり，積極的な政策提言活動などに取り組まれており，その活動は議員立法としての「自殺対策基本法」の成立に結実もしている．

1.2. 労働・雇用形態の変化による貧困の問題

現在，雇用者の三人に一人が非正規雇用者であるという（総務省『労働力調査』）[11]．1980年代半ばの状況と比べると，20％程度高まったことになる．人数ベースでは，604万人から2036万人へと，3倍もの増加である．非正規雇用の増加の背景には，経済のグローバル化や，情報通信技術革新の進展による仕事や業務の見直しの他にも，派遣法の改正といった労働市場の規制緩和も影響している（加美，2017）とする分析結果もある．

1990年代末，労働者派遣法の改正により派遣労働が拡大した．2003年には非正規で働く人の割合が労働者全体の3割を超えた．これは，つまり，会社の中核の仕事を担い，家計の主な生計を担う非正規が増えたということを意味する．この時期，非正規雇用が増加した背景には，公共事業が削られ，地域が疲弊し，そのしわ寄せという側面もある．第二次安倍政権時より続く「働き方改革」も時間管理をやめて支払いを出来高払いにし，労働法の適用除外を作るなど労働者の安定した生活を保障するものにはなっていない．非正規の数は増え，待遇改善も進んでいない．非正規が増加したことにより，所得が下がり，そのことが非婚化や子どもをもたないという選択につながっている一面もある．また，労働組合の組織率も低下し，労働者として声を上げたくても挙げられない人も増えている．

このように，労働や雇用を取り巻く環境は変化をしている．そしてその変化により，私たちの暮らしは「貧困」と隣り合わせの状態にある．具体的にどのような問題状況として生じているのだろうか．以下，労働や雇用形態の変化によって現れる貧困問題についてみていきたいと思う．

1.2.1. ミッシングワーカー

非正規雇用の増加は，不安定な雇用を生み出す．不安定雇用は，些細なことで失業状態に陥ってしまう可能性をはらんでいる．近年，失業者数は長く続く不景気の影響もあって増加しているが，いま問題視されているのは，失業者だけではなく，「ミッシングワーカー」の増加だという（大森，2018）．2018年6月2日に放映されたNHKスペシャル「ミッシングワーカー　働くことをあきらめて……」では，増え続けるミッシングワーカーの現状や，課題について紹介された．

そもそも失業者とは，職を失った状態で，なおかつ求職活動をしている者のことをいう．一方，ミッシングワーカーとは，職を失っている状態であるが，求職活動をしていない，もしくは，できない状態にあるもののことで，失業者とはカウントされない．総務省統計研究研修所の西文彦の分析によると，2017年のミッシングワーカーの数は103万人で，失業者数72万人よりも多い．ミッシングワーカーになる一番の要因は，親の介護のための離職，いわゆる「介護離職」である．介護離職者数については，総務省の『2017年最新の就業構造基本調査』によると，過去1年間に家族の介護のために離職した人は9万9千人で，そのうち男性が2万4千人，女性は7万5千人と女性が8割を占めるという結果だった．この数字は，5年前の調査とほぼ変わらず，横ばいである．さらに，1年間に介護離職した人のうち，非正規・正規問わず何らかの形で就職した人の数は2万人ほどで，この数字から，いったん離職すると次の職に就くことが容易ではないことが分かる．また，介護は育児と異なり，いつまで続くのか先が見通せない．厚労省の調べによると，平均介護期間は，男性で9.79年，女性は12.93年である．有吉佐和子が『恍惚の人』を発表し，介護の問題が社会問題化しはじめた1970年代頃の平均介護期間は3～4年だったというので，近年，いかに介護期間が長期化しているかということがわかる．ましてや，介護は，日々「できること」が増えていく育児とは違い，「できないこと」が日を追うごとに増してくる．そのため，家族にかかる負担は日ごとに大きくなってくる．家族の介護によって，ある日突然職を失い，その状態が長期化する．

そして，いざ仕事に復帰しようとしても，長く労働市場から離れていたこともあり，就職活動はなかなかうまくいかず，ますます社会から孤立していくという悪循環を生みだしているのが現在の状況だ．

このような非正規雇用の増加から生み出されるミッシングワーカーへの対応として，様々な形の就労支援がはじまっている．たとえば，ハローワークをはじめとした就労支援の仕組みに，地域の社会福祉協議会や民生委員，地域づくりに携わるNPO団体などが関わり，単に「仕事に就く」という成果を求めるだけの支援ではなく，地域の中で当事者を孤立させない見守りの仕組みをうまく取り入れている．また，「介護離職させない」という企業の取り組みや，介護する人を地域で孤立させない実践も拡大している．たとえ，なんらかの問題を抱えていて，生活のしづらさや大変さを抱えていても，決して一人にはしないという地域づくりの取り組みでもある．

1.2.2. ホームレス

2018年7月4日の毎日新聞は「多様化する貧困　路上生活減り「ビッグイシュー」部数減」[12]として，ホームレス状態の多様化を報じている．記事では，生活保護の受給や，その他の支援によって路上生活者が減ったことがビッグイシュー販売員数の減少の背景にあるとする．支援者らは，「(ビッグイシューの)販売をせずに生活ができる人が増えているのであれば，喜ばしい」としながらも，支援にたどり着けない困窮者が多くいるのではないかと危機感も募らせている．実際，ホームレス状態にある人たちの抱える問題は多様化してきている．たとえば，路上で生活していなくても，インターネットカフェや低価格なシェアハウスで過ごす低所得者層（岩田，2009），何らかの精神疾患や障害を抱えホームレス状態にある人（中野，2013），若者のホームレス（飯島ら，2011）の存在などがあげられる．

障害のあるホームレスということに関して，ホームレス自立支援センター北九州の退所者の28％が療育手帳を取得しており，精神障害や身体障害を抱える者も含めるとその数は5割に達するという（山田，2009）．また，精神科医や臨床心理士らによって行われた調査では，ホームレス状態に陥っている164人中34.2％が推定知能指数（IQ）70未満であった（奥田，2010）という．さらに，

2009年9月2日の毎日新聞の報道によると，炊き出しに訪れた人への面接調査で，約70%にうつ等の精神障害があること，過半数に自殺リスクが認められたとされている．このような状態を中野（2013）は，「ホームレス支援の現場では様々な生活上の困難を抱える人の中に何らかの障害を抱えている人が一定数存在する」（中野，2013：33-34）と述べる．

不況で仕事が減り，社会に戻れなくなった人たちがひきこもり気味になる．やがて住居を追われ，路上で生活せざるを得ない状況が長期化していることもホームレスの多様化の背景にある．ホームレス状態にある人の中には，大学を卒業したような，「高学歴ホームレス」と呼ばれる人たちも珍しくはなくない．社会を離脱してからも，ひきこもりに似た身体メカニズムを抱え，国の就労支援に乗っかれない人たちがホームレス状態になってしまっているようだ．

このように多様化するホームレス状態に対して，炊き出しや夜回りを通じて声かけをしたり，ビッグイシューのように仕事づくりをすることで生活再建を支えたり，若者ホームレスの居場所づくり[13)]に取り組む実践が行われている．

1.2.3. 子どもの貧困

2015年の子どもの貧困率は13.9%で，七人に一人の子どもが貧困の状態にあることが厚生労働省の『国民生活基礎調査』[14)]により明らかとなった（図1-4）．この数字は，OECDの加盟国平均の13.3%よりも高い．とくに母子家庭の貧困率は5割を超える深刻な状態にある．

子どもの貧困とは，子どもの成長に影響する「①経済的な困窮（生活困窮）」「②親子の生活・心身の成り立ちに寄与する環境と選択肢の欠如（社会的排除）」と位置づけ，「子どもの幸福（well-being）を追求する自由の欠如・権利の不全」と定義される（日向市2017：25）．したがって，単に「お金がない」や「食べるものがない」といった絶対的貧困状態をさすものではない．2013年に子どもの貧困対策基本法が成立し，子ども食堂や学習支援，居場所づくりなど，地域で子どもの貧困対策に取り組む機運も高まり，各地で新しい実践も始まっている．一方，生活保護費の基準引き下げに関連して，母子加算が減額されるなど子どもの貧困状態の改善には程遠い状況である．

また，貧困の増加という問題もあるが，同時に，貧困の状態にある子どもと

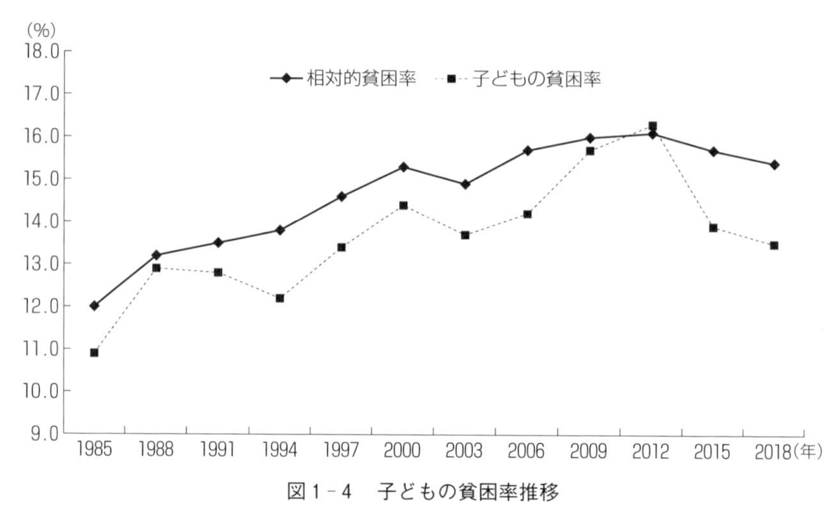

図1－4　子どもの貧困率推移

（出典）厚生労働省「2019年国民生活基礎調査の概況Ⅱ各種世帯の所得等の状況」をもとに筆者作成.

そうではない子どもとの格差，いわゆる貧困格差も拡大している．貧困格差が大きいと貧困から脱することが難しくなる．学力低下や健康悪化のリスクも高まるので，金銭的支援だけでなく多彩な支援が必要となる．学校現場においても，貧困による不利が顕在化・深刻化していることが政策的関心となり，2013年1月社会保障審議会『生活困窮者の生活支援の在り方に関する特別部会報告書』には，「貧困の連鎖を防止するためには，義務教育段階から，生活保護世帯を含む貧困家庭の子どもに対する学習支援等を行っていく必要がある」と記された．また，2013年6月に成立した「子どもの貧困対策の推進に関する法律」第1条と第2条において，子どもの将来がその生まれ育った環境によって左右されないようにするとの理念を確認している．この理念は，貧困の連鎖を断ち切ることを表明したものである．また，第8条の規定に基づき「子どもの貧困対策に関する大綱」が2014年8月29日に閣議決定された．大綱には，「学校がプラットフォームになる」ことで「学習支援を展開すること」と「教育と福祉をつなぐ重要な役割を果たすスクールソーシャルワーカーの配置を拡充（5年後にスクールソーシャルワーカーを約1万人にするという目標値あり）」の2点が明記された．

子どもの貧困をテーマにした先行研究は，多くの学術誌でも特集が組まれており，たとえば，子どもへの学習支援と保護者への一体支援の効果を分析した研究（坂本，2018）や，スクールソーシャルワーカーとコミュニティソーシャルワーカーの連携による地域での支援コミュニティについて検討した研究（山下，1998；野尻・川島，2018），子どもの貧困問題への教員の取り組みに関する研究（柏木，2018）など，地域での実践の分析や福祉，教育の両面からの政策的展開についての分析など多岐にわたっている．このように，子どもの貧困という問題については，福祉現場と教育現場が一緒になって問題解決に取り組んでいたり，貧困対策法など法整備もされ，さらには先行研究の蓄積も進んでいる．しかし，子どもの貧困の背景には，大人の問題がある．それはつまり，グローバル化や，産業構造の変化にともなう雇用・労働の変化，また，ひとり親世帯の増加という家族の形の変化などである．複雑に絡み合う問題背景だからこそ，問題解決策も一筋縄ではいかないということが子どもの貧困問題を通してわかる．

1.3. 家族形態の多様化による家族や地域の問題

家族と家族の暮らしの形が変化している．

2015年の国勢調査[15)]によると，総世帯数は5344万8685世帯，そのうち一般世帯数は5333万1797世帯，施設等の世帯は11万6888世帯となっている．一般世帯数を世帯の家族類型別にみると（図1－5），一人で暮らす単独世帯は34.6%，夫婦と子どもからなる世帯26.9%，夫婦のみの世帯は20.1%，ひとり親世帯は8.9%であった．これを世帯数の増減率の推移でみると，単独世帯は前回の調査から9.7%，ひとり親世帯は5％増加した．

国勢調査で単独世帯が初めて日本の家族類型で最多となったのは2010年であるが，当時は，それまで「標準家族」として認知されてきた「夫婦と子ども」の世帯を凌いだとセンセーショナルに取り上げられた．それ以降，単独世帯の割合は年々上昇している．また，ひとり親世帯も増加している．その一方で，夫婦と子どもによる世帯は減少している．このように，従来，私たちの社会が「標準家族」として捉え，多くの人が核家族という家族の形態をとっていた状況は変化している．

では，このような家族の形の変化は私たちの暮らしにどのような影響を及ぼ

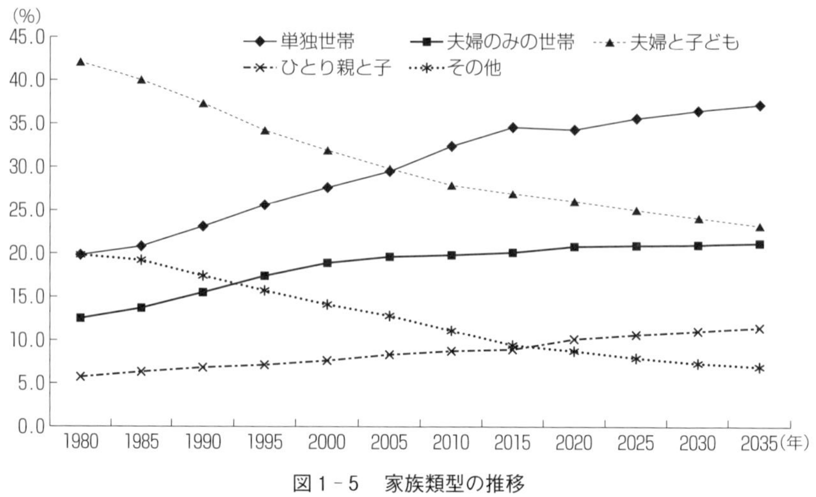

図1－5　家族類型の推移

（出典）「平成27年（2015年）国勢調査　世帯構造等基本集計結果」および「日本の世帯数の将来推計（全国推計）」をもとに筆者作成.

しているのだろうか．家族の形が変化したことによって，これまでであれば家族や育児など，家族のなかのこととして対応されてきたことが，対応できなくなり，さまざまなサービスによって対応されている．地域福祉実践の取り組みにも変化がみられる．以下，具体的な状況について整理する．

1.3.1. 多様な家族介護者

今，私たちの社会には，これまでの社会が想定していなかったような介護者が登場している．従来，介護者といえば，嫁や娘といった，「男は外で働いて，女は家を守る」という家族モデルを前提として，介護者役割を担っていた女性たちであった．1968年に全国社会福祉協議会によって，全国規模の介護者実態調査が初めて行われているが（1968年9月14日朝日新聞），この記事によると，介護者の属性は，嫁が49%，妻が26%，ついで娘が14%となっており，介護者の9割以上が女性であった（図1－6）．つまり，当時の介護者は，若くて，体力もあり，家事も介護も難なくこなし，介護に専念する時間もあり，何より家族の介護を自然と受け入れているような女性・専業主婦をモデルとしていたことがわかる．ところが，この調査から半世紀を経たいま，女性の社会進出や家族

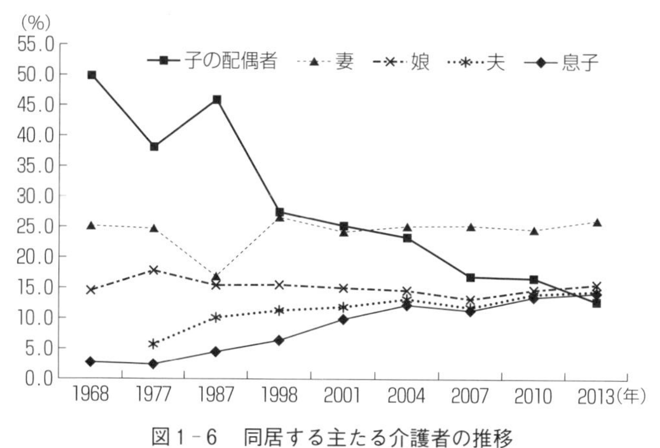

図1－6　同居する主たる介護者の推移

（出典）1987年までは「全国社会福祉協議会調査」，1998年以降は「国民生活基礎調査」をもとに筆者作成.

形態の変容により，多様な介護者が登場している．例えば，妻や親を介護する男性介護者や，祖父母や兄弟姉妹，親を介護するヤングケアラー，育児と介護が同時に発生するダブルケアラーなどがその例としてあげられる．2000年の介護保険スタート後の介護者の変化について，樋口恵子（2015）は，①男性化，②血縁化，③多様化＝老老化，ヤング化，遠距離化など，④長期化＝生涯化，⑤多重化＝同時多発介護の五つをあげてその特徴を説明する．

このような介護者の多様化によって，これまで潜在化していた介護問題が可視化されることになった．その一つが，介護離職である．介護離職は，男性の介護者が増えたことによって多くの人が認識するようになった問題である．2018年に総務省より公表された『平成29年就業構造基本調査』によると，現在，主たる介護者のうち，男性介護者は37％を占めており，その数は200万人を超えていると推計される．未だ数としてみると，介護の大半を担っているのは女性たちである．しかし，これまで介護に関わることのなかった男性が介護者になるという状況によって，新しい問題として「介護離職」が可視化された．つまり，女性は家族のなかで介護が必要になると，「そっと静かに仕事を辞めていた」のである．ところが，男性が介護者になると「そっと静かに」というわけにはいかない．なぜなら，介護離職の問題はたちまちその家庭を貧困状態に陥らせてしまうからである．

たしかに，近年，介護に関する制度は充実してきているといえよう．2000年に制定した介護保険は，これまでの日本の福祉の仕組みを大きく変えるものであったし，法の整備は，利用できるサービスの量，質ともに充実させることを後押しした．しかし，この介護保険も万全ではない．介護保険では，介護を必要とする本人についてさまざまなサービスによってその生活を支えるが，しかし，直接的に介護する家族を支援する形の法律にはなっていない．介護する家族を支援するということが想定されていない制度設計なのである．つまり，生活問題（この場合は，家族の多様化）に対して，制度がその問題解決のために対応できるのは，問題の全体の一部分でしかないということである．

家族介護に関する先行研究は，介護者の属性やテーマごとに現状や課題を分析するものや，家族介護者支援に関するものなど多岐にわたっている．たとえば，男性介護者に関する先行研究としては，男性介護者調査による介護実態と支援についての研究（斉藤，2011）や男性介護者支援の根拠や枠組みを提示した研究（津止，2017），男性介護者の増加による介護離職問題についての研究（津止，2018）などがある．また，介護殺人に関する先行研究としては，介護殺人裁判への福祉専門職の関与に関する研究（湯原，2015），質的・量的調査による介護殺人の実態把握と介護者支援についての研究（湯原，2016）や，被害者および加害者の行動特徴についての研究（宮元，2016），介護殺人事例から医療・福祉の専門職の連携について分析した研究（中尾，2013）などがある．さらに，ヤングケアラーに関する先行研究としては，イギリスのヤングケアラー調査や支援の紹介（三富，2000；2008；2010，柴崎，2005）や，精神障害を持つ母親をケアしてきた女性のライフストーリー分析を行った研究（森田，2010）や，ALS患者や重度身体障害，進行性の病の親をケアする子どもの語りを分析した研究（土屋，2006；2012，澁谷，2012），ヤングケアラーの量的調査に取り組んだ研究（北山，2011）などがある．他方，家族介護者への支援ということについては，スウェーデンと日本の認知症高齢者の家族支援の比較研究（久保，2018）や，家族介護者への電話相談の効用についての研究（福崎・中山，2014），各地で取り組まれている認知症カフェについての実践研究（川北，2016年；佐藤ら，2016）がある．

このような，介護者の多様化ということに対して，さまざまな介護者支援の動きが新しい実践として始まっている．1980年に「呆け老人をかかえる家族の会」（現「財団法人認知症の人と家族の会」）が京都で発足をするが，その後「若年認知症家族会・支援者協議会」や「男性介護者と支援者の全国ネットワーク（男性介護ネット）」，「レビー小体型サポートネットワーク」といった個別のニーズを持った介護者や，当事者を支援する動きが全国各地で始まり，広がりを見せている．たとえば，男性介護ネットの調べによると，2009年には全国に３カ所しかなかった男性介護者の会や集いは，2017年にはその数は150カ所を超えるまでになっている（男性介護者と支援者の全国ネットワーク2017年度総会資料）．わずか10年間でのかなりの広がりであるが，あくまでもこれは男性介護ネットが把握している数であり，なおかつ男性介護者支援に特化したものであるので，実態はこの数を上回る家族介護者支援の仕組みが地域に広がっていることが推測される．

1.3.2. 高齢受刑者

全国の刑務所で高齢者の割合が急激に増えている[16]．

2018年１月16日の毎日新聞「刑務所　受刑者1300人に認知症傾向か　対応に苦慮」によると，法務省は2018年度から全国８カ所の拠点刑務所で，原則として新たに入所してくる60歳以上のすべての受刑者を対象に認知症の疑いを判断する簡易検査を実施する方針を決めた．高齢受刑者が増加するなか，早期に認知症の傾向を発見し，適切な医療や福祉的措置をとることがねらいとされている．受刑者の内訳をみると，30年前は20代と30代で全体の半分を超えている一方で，65歳以上の割合（図１-７）は１％余りであった．それが今では，若い世代の割合が減少する一方で，高齢者は大幅に増えている．社会全体の高齢化によるものだとする見解もあるが，65歳以上の受刑者の割合は約30年前の10倍になっており，さらには全体の受刑者数は減っているのに，65歳以上の人数だけは８倍近く増加している．これは，高齢化率よりもはるかに急カーブして上昇していることがわかる．つまり，高齢受刑者の増加は，一概に高齢者人口が増えたことが要因となっているとは言えない状況にある．

高齢の受刑者が増加する背景には何があるのだろうか．これまで，先進国では一般に，犯罪は若い世代が中心で，年を取るほど犯罪はしなくなると考えら

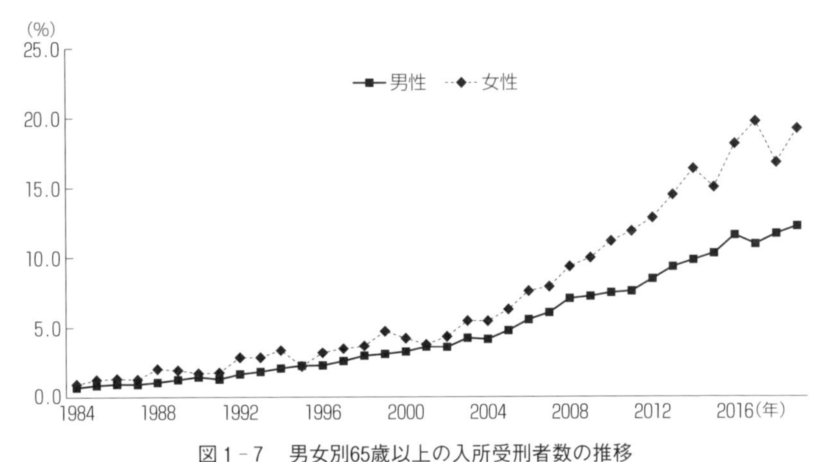

図1－7　男女別65歳以上の入所受刑者数の推移

（出典）「令和２年版犯罪白書」より筆者作成.

れてきた．福祉制度が整備されていること，さらに，年齢を重ねると家族を持つなどして社会との関わりが増え，反社会的な行動をとらなくなるのが理由だとされる．ところが日本の現状はそうはなっていない．日本の高齢の受刑者割合は12％で，ドイツの3.1％，フランス3.7％と比較しても著しく高くなっていることがわかる．高齢受刑者の罪名は，男女ともに窃盗が１位である．そして，64歳以下の受刑者に比べて，再入所の割合が高く，６度以上の多数回入所している割合が高い．また，入所回数が増えるほど再犯期間が短くなるという傾向がある（長谷川ら，2016）．他国に比べて突出して高齢受刑者の多い日本の状況を，「一回罪を犯してしまうとなかなか社会復帰しづらい社会であること，前科というレッテルが張られた人に対しまったく寛容でない社会であること，一度失敗したらなかなか立ち直れない社会であること」（山本，2010）という社会のありようにその要因があるとする意見もある．

このように，受刑者の高齢化が進行するなか，刑務所の状況も変化しつつある．たとえば，東京都昭島市にある日本最大の医療刑務所「東日本成人矯正医療センター」には，医師が16名常駐し，最新の医療設備が整えられている．人工透析室では30人が一度に透析を受けることができる．個室にはベッドが用意され，その数は400あまり．このような施設は，急激な高齢化に対応するために整備された（中根，2007）．他にも，栃木県の黒羽刑務所[17)]は，施設内の段差をすべてなくし，バリアフリーにし手すりも設置されている．塩分に配慮した食事や，かむ力が弱い受刑者のために，きざみ食やペースト状の食事も作っている．食事や生活の介助は職員と若い受刑者が行い，職員に対しては講師を招いて介護実習も行われている．また，徳島刑務所には高齢者専用棟として「機能促進センター」が設置され，体の衰えなどを理由に通常の刑務作業に従事できない受刑者を集めて，受刑者の健康維持を目的にした体操の時間を，毎日3回それぞれ10分程度設けている．

高齢受刑者や出所者らのおかれている状況についての先行研究は，高齢化によって福祉施設化する刑務所の現状と課題について分析する研究（山本，2010；松永，2018），高齢受刑者らの出所後の地域生活支援に関する研究（佐藤ら，2017；野村，2017）や，出所後の生活について，地域生活定着支援センターでの支援事例をもとに，とくに司法と福祉の連携に着目した研究（長谷川ら，2016）などがある．

これらの先行研究によると，刑務所内の変化だけではなく，再犯率の高い高齢者らの再犯防止に向けた取り組みが司法と福祉の連携により始まっている．全国の刑務所は2014年度から常勤の社会福祉士を「福祉専門官[18]」として配置している．さらに，法務省と厚生労働省は，刑務所や保護観察所，地域生活定着支援センターが連携し，身寄りのない高齢者や障害者を出所後，速やかに福祉サービスにつなげる「特別調整」を2009年度から始めており，2016年度は全国で468人が福祉に結びついている．この他にも，「社会復帰支援指導プログラム」として，刑務所と社会福祉協議会などの外部機関が連携して出所後の地域生活を支える取り組みも始まっている．

1.3.3. 孤　立　死

2018年5月13日の毎日新聞に「5年間で15倍増　家族関係の希薄化背景に」という見出しで，孤立死した人の自宅を清掃・消毒して原状回復する「特殊清掃業者[19]」の急増について報道がなされた．この記事によると，全国で5000社以上が特殊清掃業に参入しており，業界団体が「特殊清掃士」の民間資格の認定制度を始めた5年前と比べると，業者数は15倍に膨らんでおり，増加の背景には，家族・親族関係の希薄化があるとされている．

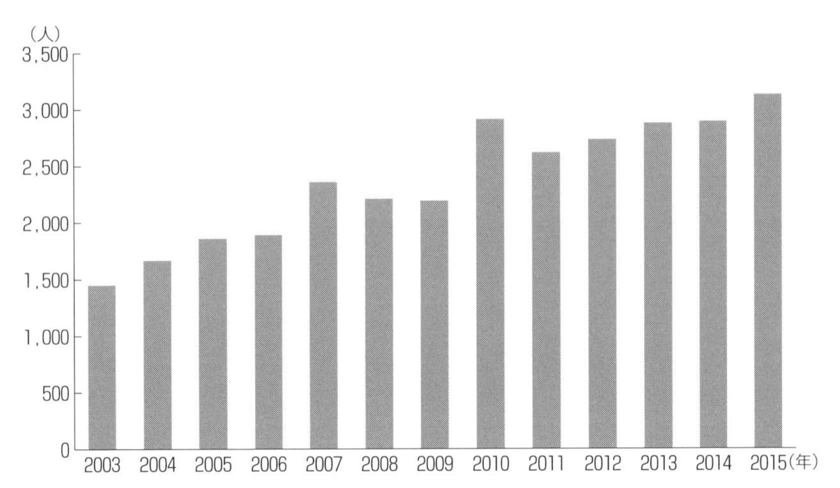

図１－８　東京23区における65歳以上の一人暮らし死亡者のうち自宅での死亡者数

（出典）東京都福祉保健局東京都監察医務院「東京都23区内における一人暮らしの者の死亡者数の推移」をもとに筆者作成.

孤立死は，内閣府の『平成22年版高齢社会白書』において，「誰にも看取られることなく息を引き取り，その後相当期間放置されるような悲惨な死」と定義されている．この高齢社会白書では，東京都福祉保健局「東京都監察医務院」が公表した「一人暮らしで65歳以上の人の自宅での死亡者数」（図１－８）の数値を引用して「孤立死と考えられる事例」としている．これによると，2003年に1451人だった死亡者数は，その後概ね増加し，2015年には初めて３千人を超えた.

一人暮らしの高齢者や，孤立死に関する先行研究としては，高齢者のライフスタイルを問題視した研究（萩原，2003），介護予防との関連で孤立や引きこもりを論じた研究（竹内，2004），現代の貧困問題との関連で論じた研究（岩田・黒岩，2004；河合，2009），大規模団地での孤独死の実態を明らかにした研究（新井，2010），大都市高齢者の社会的孤立の発現率と基本的特徴を論じた研究（斉藤ら，2009），一人暮らし高齢者対策の変遷や各時期の特徴を整理した研究（黒岩，2010）などがある.

核家族化が進んだ1970年代に初めて孤立死について報道が登場し，1974年には初の全国的調査が行われ，『孤独死老人追跡調査報告書（全国社会福祉協議会）』

が出されている．以降もマスメディアに度々取り上げられていたが，1995年の阪神淡路大震災を契機に孤独死の発見が相次ぎ，関連記事も急増した（上田ら，2010）．1997年には，「孤独死いのちの保障なき社会福祉の縮図――仮設住宅における壮年層の暮らしと健康の実態調査報告書（生活問題研究会）――」が出されて，住環境の変化や悪化とともに隣人の異変に気づかない交流の疎遠，すなわち地域コミュニティの希薄化が指摘された．

その後，孤立死の発生を防ぐために，政策的な対応もとられるようになり，国は，2007年度に「高齢者等が一人で安心して暮らせるコミュニティづくり推進会議」を発足させ，地域での見守り活動など「孤独死ゼロ・モデル事業」を全国78の市町村で実施した．他にも，高齢社会対策基本法などによって総合的な高齢者問題への取り組みが進められているほか，2017年に施行された「新たな住宅セーフティネット制度」では，自治体と民間が協力して「居住支援協議会」を設立し，高齢者などの見守りサービスを実施することが盛り込まれている．しかし，高齢化のスピードが速いうえに，家族の形が変化するスピードも速い．たとえば，わずか25年間の間に，家族形態のうち独居老人が4割を超えるような社会になると推計されるほどのスピードである．したがって，現行の制度は変化する生活実態に十分に追いつけているとは言い難く，制度と生活実態の間にズレが生じている状況である．政策的対策のみならず，近年では，自治体・民生委員や地域包括支援センター，社会福祉協議会，NPO 団体，自治会・町内会，民間事業者などが連携した見守り活動[20]もあり，ボランティアが戸別訪問や電話での安否確認を行ったり，配食サービスなどを組み合わせた活動などが取り組まれている．

2．生活の社会化と格差の拡大

このような状況をまとめると，私たちの暮らしのなかに生じている様々な問題の背景要因には，（1）人口構造の変化，（2）家族の形の変化，（3）産業構造の変化に伴う雇用・労働の変化，（4）グローバル化が関わっていることに気づく．これらによって，私たちの抱える福祉問題や生活に対する不安は広がりをみせていると言えるだろうし，従来であれば問題として認識されなかったようなことも福祉問題として生じている．いずれの現象も，それそのものが問題ということではなく，そうならざるをえない選択肢しかないことや，多様な形の選択が現行の制度や施策と乖離していることによって社会問題化しているというものである．

ただし，それぞれの背景要因が単体で発生し，一つの問題をひきこしているわけではない．それぞれが相互に関連し合いながら，複雑に絡み合いながら，このような状況を引き起こしていると考えるのが妥当であろう．真田（1978）はこのような状況について，「社会問題には問題が問題を呼ぶような通性がある」という．貧困が家族や本人の病気につながったり，逆に病気が貧困につながったりといったことを指摘し，「社会問題の重層化の例示」として示している．つまり，私たちが向き合わなければならない問題が，ショーン（2007）のいう「不確実」で，「不安定」で，なおかつ「価値の葛藤をはらむ問題」であるということでもある．このような状況を鑑みると，これら問題の解決の道筋が何ら単純なものではないということが分かる．

先の第1節で挙げた諸問題は，従来であれば，対応の必要な福祉問題として認識されてこなかったような現象でもある．たしかに，これまでも同じような問題は存在していたかもしれないが，しかし，「そんな問題は家族の中で解決すべきである」とか「当事者のパーソナリティに起因する問題なのではないか」という捉えられ方をしており，社会で対応するべき問題として人びとが認知するには至っていない状態であったといえよう．問題が生じている背景に社会的な構造の変化や問題があるとか，個人の責任ではないところでその問題を背負わされているとか，そのようには捉えられなかったような現象とも考えられる．つまり，私たちにとって「想定外の社会問題」が生じていることを現代社会の特徴としてあげることができよう．

この「想定外の社会問題」が発生することについて津止（2009）は図1－9のようにその仕組みを整理する．私たちの生活実態は，生活は雇用・労働条件の水準や都市化の進展度合い，家族構成・機能の変化，少子高齢化の進行などの「生活規定力」によって規定され，かたち作られる．そして，この生活実態を反映する形で「社会関係」「社会意識」「社会制度」が形成され，生活を支える基盤となる．生活規定力や，それを反映する生活実態は時代の流れ，社会の変

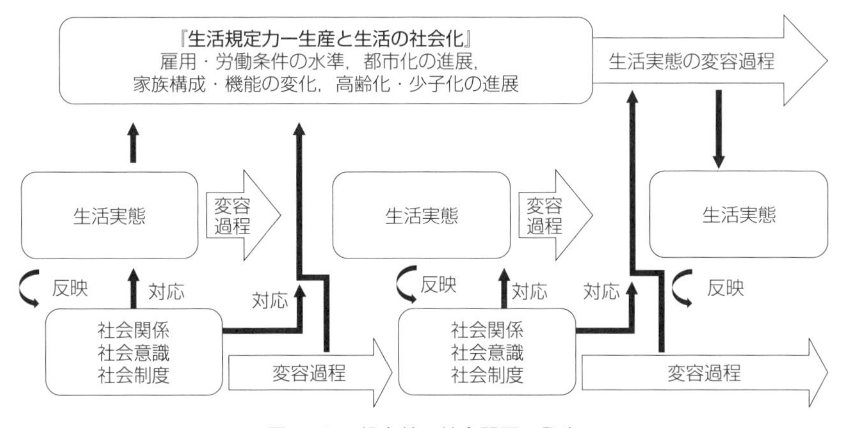

図１－９　想定外の社会問題の発生
（出典）津止ほか『ボランティアの臨床社会学　あいまいさに潜む「未来」』（2009年）をもとに筆者作成．

化とともに常に変容している．しかしながら，社会関係や社会意識，社会制度は生活実態の変化と同時に起こることはない．常に，半歩も一歩も遅れて変化する．そのため，生活実態と社会関係や社会意識，社会制度の間には齟齬が生まれることとなり，この齟齬が私たちの抱える生活のなかの諸問題，つまり「想定外の社会問題」として出現するというのである．そして，このような諸問題に対応するために新たな社会関係，社会意識，社会制度が作られる．このように，私たちの生活の中で起こる諸問題は常に変化し続ける生活実態とそれを規定する生活規定力が背景要因にあり，時代の流れとともに変化するのである．

このように考えると，私たちがこれまで生活の中で抱えていた問題の解決の方法が従来のままでよいのか，そもそも従来の問題の認識の仕方，解決の方法で今起こっていることを把握し，カバーすることができるのかどうか，ということについては常に振り返り，問題解決のためにベストな方法を模索し続ける必要があるだろう．ともすれば，私たちの従来型の問題認識であったり，問題解決の方法（誰がどう問題を解決するのかということについても）であったりが，問題を生じさせる要因になっていることさえあるかもしれない．

今の私たちの暮らしの状況やそこで発生する福祉問題に対応する形での社会福祉体制を再編するとするならば，どのように財源を確保し，どのような社会保障の仕組みを構築するのかということも重要な問題であるし，社会福祉体制を考えた場合，誰がその体制を担うのかということもあわせて考えていかなければならない．従来であれば，福祉の問題は家族もしくは専門家によるものという捉えられ方だったが，今後もその二項での考え方でよいのだろうか．それぞれに，変化が必要なところ，協働が必要なところなど，担い手というアプローチでの再編も必要不可欠であるとは言えないだろうか．

3．本章のまとめ

以上のように，本章では「生活の社会化論」に依拠しながら，地域において拡大する「今日的な福祉問題」の様相について述べてきた．生活の社会化は，先に述べたように真田（1995）によれば，変化する社会の仕組みによって解体，後退した生活支援機能を，その社会の仕組みの中に適合的かつ現実化可能な仕組みとして発展させる．これを踏まえ，本書では，解体，後退した生活支援機能によって生じる諸問題を（1）こどもや若者に関する問題，（2）貧困に関する問題，（3）家族や地域に関する問題として取り上げ，先行研究をもとにしながら，問題状況の把握と，それらに対応しようとする地域実践について整理した．

本章で明らかとなったことは，生活の社会化が進むことによって，私たちが地域の中で抱えている諸問題は多様になり拡大し，「今日的な福祉問題」として出現しているということであった．たとえば，生きづらさを抱える若者は，その状況をより深刻化させているし，家族形態の変容による多様な介護者の登場は，高齢化の進行する地域における家族のあり方とケアの問題を，私たちに突きつけている．つまり，従来であれば，個人の問題，家族の問題として封印されていた諸問題が，生活の社会化が進むことによって，そのような捉え方だけでは対応しきれなくなっていること，そして問題が拡大，深化する一方で，社会に顕在化された諸問題に対応しようとする新たな実践に取り組まれていることが明らかとなった．このような問題の顕在化と，その問題に対応しようとする地域福祉実践が胎動している，動的な状態を現代の地域社会の特徴として本書では認識していきたいと考える．

このような地域社会の状況を踏まえた上で，第３章では，具体的な実践を分析していくことになるが，その前に，第２章では，「社会福祉実践の歩み」として，日本において福祉実践がどのように生まれ，社会の中で変遷を経てきたのかを整理する．

注

1）厚生労働省「ひきこもりの評価・支援に関するガイドライン」http://www.pref.mie.lg.jp/common/content/000086118.pdf（最終閲覧日：2018年８月16日）．

2）内閣府「若者の生活に関する調査報告書（平成28年９月）」http://www8.cao.go.jp/youth/kenkyu/hikikomori/h27/pdf-index.html（最終閲覧日：2018年８月16日）．

3）内閣府「若者の意識に関する調査（ひきこもりに関する実態調査）平成22年７月」http://www8.cao.go.jp/youth/kenkyu/hikikomori/pdf_gaiyo_index.html（最終閲覧日：2018年８月16日）．

4）山梨県保健福祉部「ひきこもり等に関する調査結果（平成27年10月）」https://www.pref.yamanashi.jp/shogai-fks/hikikomori/documents/hikikomoritou_tyousa.pdf（最終閲覧日：2018年８月11日）．

5）文部科学省初等中等教育局児童生徒課（2020）「令和元年度児童生徒の問題行動・不登校等生徒指導上の諸課題に関する調査」http://www.mext.go.jp/b_menu/houdou/30/02/__icsFiles/afieldfile/2018/02/23/1401595_002_1.pdf（最終閲覧日：2018年８月３日）．

6）文部科学省は，平成31年度までに全中学校区に１万人のスクールソーシャルワーカーを配置するとしており，現任のスクールソーシャルワーカーに対しては，職務内容の明確化や質向上のための研修が進められている．

7）文部科学省「小・中学校に通っていない義務教育段階の子どもが通う民間の団体・施設に関する調査（平成27年８月）」http://www.mext.go.jp/a_menu/shotou/tyousa/1360614.htm（最終閲覧日：2018年８月16日）によると，2000年以降に設立された団体が全体の７割を占めており，その組織形態は５割弱がNPO法人格を取得し実践を行っている．

8）近年の自殺防止施策としては，2006年に「自殺対策基本法」が，2012年には「自殺総合対策大綱～誰も自殺に追い込まれることのない社会の実現を目指して～」が制定され，官民が一体となった地域レベルでの自殺対策防止策が進められている．

9）厚生労働省（2017）「平成29年版自殺対策白書第１章３年齢階級別の自殺者数の推移」https://www.mhlw.go.jp/wp/hakusyo/jisatsu/17/dl/1-3.pdf（最終閲覧日：2018

年8月8日).

10) SNS大手の米国ツイッター社の日本法人ツイッター・ジャパンはこの事件後の2018年1月に,自殺をほのめかす言葉をツイッター内で検索すると,検索結果の最上位に自殺防止に取り組むNPO法人「東京自殺防止センター」などへの案内が表示されるように対策を進めると発表した.

11) 総務省「労働力調査(平成30年(2018年)4月~6月期平均(速報)」http://www.stat.go.jp/data/roudou/sokuhou/4hanki/dt/pdf/2018_2.pdf(最終閲覧日:2018年8月10日).

12) 雑誌『ビッグイシュー』は,ホームレスの人の生活再建を支えることを目的に,1991年にロンドンで誕生し,日本では2003年に創刊された.一部350円のうち180円が販売者のホームレスの収入になる.

13) たとえば,調布市心の「クッキングハウス」では,レストランを運営やお弁当の配達などをとおして若者らの社会参加を支援している.

14) 厚生労働省「平成28年国民生活基礎調査の概況 Ⅱ 各種世帯の所得等の状況」https://www.mhlw.go.jp/toukei/saikin/hw/k-tyosa/k-tyosa16/dl/03.pdf(最終閲覧日:2018年8月3日).

15) 総務省統計局(2017)「平成27年国勢調査世帯構造等基本集計結果」http://www.stat.go.jp/data/kokusei/2015/kekka/kihon3/pdf/gaiyou.pdf(最終閲覧日:2018年8月3日).

16) 法務省(2017)「平成29年版犯罪白書第2編第4章第1節3「入所受刑者」」http://hakusyo1.moj.go.jp/jp/64/nfm/n64_2_2_4_1_3.html(最終閲覧日:2018年8月3日).

17) NHK持論公論(2017年12月19日放映)「老いる刑務所 変わる刑務所」http://www.nhk.or.jp/kaisetsu-blog/100/287024.html(最終閲覧日:2018年8月15日).

18) 2004年度から一部の刑務所で始まった受刑者の社会復帰を支える福祉専門職の配置は,2009年度に全国に拡大されたが,いずれも週3日勤務の非常勤職員であった.

19) 特殊清掃業者は,個人の住宅の管理人や,親族からの依頼を受け,室内の清掃や消毒,遺品整理を請け負う.孤立死場合,遺体が発見されるまでに時間が経過すると,室内のにおいや汚れもひどくなり,特殊清掃士らは,感染予防のための防護服を着て,特殊薬品や殺虫剤,電動のこぎりなどを使って室内を原状回復する.悪質な業者による高額の料金請求や,雑な作業をめぐるトラブルも少なくなかったことから,2013年に一般社団法人事件現場特殊清掃センターが設立,民間資格の認定制度が創設された.創設当初,326社であった資格取得者の在籍する業者数は,2017年末には5269社にまで急増している.

20) たとえば,横浜市では,2012年12月からライフライン事業者などが業務中に異変を発見した場合に，区役所や消防・警察署などの関係機関に通報する「緩やかな見守りへの取組」を行っており，公益社団法人神奈川県LPガス協会や東京電力株式会社神奈川支店，福祉クラブ生活協同組合，京浜新聞販売組合，クロネコヤマトなどが協力し体制をつくっている．

第 2 章

福祉実践の歩み

第1章では，私たちの暮らしの中に，「今日的な福祉問題」が生じていること，そしてその福祉問題に対応する新しい福祉実践がはじまっていることを整理した．では，そもそも，日本の福祉実践はどのようにして誕生したのだろう．誰が何をきっかけに始め，具体的な実践内容はどのようなものだったのだろうか．また，どのような手法や，専門性を用いて実践に取り組み，実践の中においてその担い手をどのように担保しようと取り組んできたのだろうか．本章では，現在につながる福祉実践の歩みについて文献をもとに整理し，述べていく．

1．福祉実践の草創期

福祉実践とは何であり，専門性はどう語られてきたのか．福祉実践は一体いつ，どのようにして始まったのだろう．

伊藤（1996）は，19世紀の欧米の社会変動のなかでソーシャルワークという職業が生まれ，その後，世紀をまたいで消滅の兆候を見せることなく，異なる文化圏にまで広がっているとし，日本もこの異なる文化圏に属するという．三島（2007）は，福祉実践の始まりをどこに置くかは，専門家の間でも議論の分かれるところであるが，1869年にイギリスで設立された慈善組織協会（Charity Organization Society: COS）における友愛訪問員の救済活動が始まりとされることが多いという．この活動は，イギリスからアメリカへ伝えられ，1877年にニューヨーク慈善組織協会が設立される．そして，1880年代には当時の深刻な不況などを背景に，福祉実践において大きな変化が起こる．当時，これらの慈善活動を支えていたのは新しく開設された女子大学の卒業生らであり，その多くは中流ないし上流階級に属していた．彼女らは，これまでの伝統的な女性像に収まることを拒否して，新しい女性のあり方を模索していた．しかしながら，大学を卒業した女性が既存の専門家（医師・弁護士・聖職者・企業の管理職など）として受け入れられる機会はほとんどなかったという．そのような状況のなか，社会福祉の機関が大卒の女性に就職の機会を提供しはじめたのである（Austin, 1983：358）．このような背景に対して，三島（2007）は，「初期の専門職論には，必然的にジェンダーに関する言及がみうけられる」とアンソニー・A・プラットの指摘を用いて述べる．それは，「ソーシャルワーカーという新しい役割」を「古くからの一部擬制的な役割—家庭の守り手—の要素と，新しい役割—社会奉仕家—の要素とを結びつけたもの」として特徴づけたことだという．たとえば，19世紀のアメリカの児童救済運動は，「母性の美徳（maternal justice）」のもとに展開された．なぜなら，女性は男性に比べて倫理的で，上品であって，子供の純真さを守るにふさわしいとされ，「母性」を生かして社会に貢献することが推奨されたからだという．つまり，既存の価値を脅かさないよう注意が払われ，ソーシャルワークは「大規模な家事」として位置づけられたのである．そのため，フェミニストと，女性の進出に反対する反フェミニストが奇妙な符号を見せたとされる．ソーシャルワーカーという新しい職業は，「近代家族の肖像の範囲内での職場進出であるだけではなく，むしろそれを強化するような」（小玉，1996：195）特質を持っており，専門職化への欲求も，教養ある白人の中流階級の女性が，この職に就くことを正当化するために必要であったとさえ指摘される．

このような状況と前後して，ソーシャルワーク関係者に衝撃を与える講演が行われた．それは，1915年，ボルチモアで開かれた第42回全国慈善矯正事業会議（National Conference of Charities and Correction）でのアブラハム・フックスナーによる「ソーシャルワークは専門職か？（Is Social Work a Profession?）」と題した講演である．この講演の中でフレックスナーは，医師を完成された専門職のモデルとした上で，医学教育とソーシャルワーク教育を比較し，専門職として成立するための「6つの属性」を次のように明示した．それは，①（知は体系的で）学習されうる性質，②実践性，③自己組織化へ向かう傾向，④利他主義的であること，⑤責任を課された個人であること，⑥教育的手段を講じることによって伝達可能な技術があること，である．ただ，講演の記録が曖昧なことから，「基礎となる科学的研究（基礎科学）のあること」が七つ目の属性としてあげられたり，上記①から⑥のいずれかの代わりに六つの属性の一つに数えられたりすることもある．その講演内容については，明確でない部分がないわけではないが，それでも，フレックスナーの主張がインパクトあるものとして捉えられたのは，講演が行われた当時，「現段階でソーシャルワークは専門職に該当しない」と結論づけられたからである．すでにその頃，ソーシャルワーカーを養成する学校は設立されていたし，そこでの教育は「専門的」であると認識が共有されていた（三島，2007：2）ことを考えると，このフレックスナーの発言が，社会福祉の専門職化を進めようとする人びとに大きな衝撃を与えるものであったことは想像に難くない．

2．第二次世界大戦以前の動向

2.1．社会事業の成立

日本において，欧米のソーシャルワークが導入され，一定の定着がみられるようになったのは，1920年前後であったとするのが定説となっている．この時代の社会事業の特徴は，行政機構が整備され，軍人限定ではあったが全額国庫負担の扶助制度が成立したこと，防貧事業が実施されるようになったこと，防貧が重視されたことで，社会事業の対象者がまだ貧困に陥っていない低所得者にまで拡大していったことがあげられる（野口，2015）．この時期は，日本の資本主義社会が第一次世界大戦を経て，急速に成長をとげており，都市へ人口が集中し，「新中間層」「工場労働者」「都市下層」といった諸階層が形成され，市民社会に定着していく時期でもあった（伊藤，1996：225）．1918年の米騒動が象徴するような，細民層，労働者，農民らによる社会運動の高まりとともに，あらたな階層として登場した中間層による市民的自由主義の思想が，大正デモクラシーとして開花した時代でもある．このような時期に成立した社会事業について一番ケ瀬は，「米騒動を機としてその後の労働運動その他の社会運動の興隆を背景に，一応大正デモクラシーを消化しつつ，アメリカ社会事業理論や諸科学の成果をくみいれながら，大正中期以後に社会事業として脱皮し，また新たに成立した」（一番ケ瀬，1981：43）と要約する．

この当時，社会事業の積極的な移入，定着を図った人びとを伊藤（1996）は三つの集団に分類する．まず一つ目は，官僚社会事業プロパー，二つ目は，民間社会事業プロパー，三つ目は，社会事業研究プロパーである．これら3集団に分類される人びとは，その多くが当時のヨーロッパ，アメリカにおいて成立期であった社会福祉サービスと社会改良運動に直接接しており，それぞれの立場で日本に根付かせようとしたという共通点を持っている．

官僚として代表的な立場にあったのは『社会事業』を著した田子一民[1)]である．この著書の中で田子は，当時の日本では体系化されていなかった社会問題に対する諸政策を，①出生幸福事業，②生育幸福事業（児童保護事業），③職業幸福事業，④生活幸福事業（防貧，救貧事業），⑤精神幸福事業（教化，矯風事業）として展開し，さらには恤救規則を批判している．田子が社会行政に関わっていた時期には，多くの法律が制定されただけではなく，共同募金制度や，方面委員制度の制度化なども行われた．

他方，民間の立場で社会事業を導入した代表的な人物としては，「社会事業の父」と称される生江孝之をあげることができる．生江は，長期にわたる外国での生活の中で，アメリカのCOSやセツルメント活動，イギリスのバーナードホーム，ドイツのエヴァーフェルト制度など，当時世界の先進的な事業といわれていた事業を目の当たりにしており，それらを参考に，社会事業を①救貧事業，②防貧事業，③児童保護事業，④社会教化事業，⑤連絡統一および研究機関に分類した．とくに，サービス供給主体を，行政部門と民間部門に分類し，両部門がバランスをとりつつ発展していくことが望まれるということを主張している（生江，1929）．

田子も生江も，社会事業という言葉を，Social work，Social Welfare Workの訳語として紹介しているが，その定義は必ずしも明確なものではなく，社会福祉サービス，社会福祉施設の経営，社会改良運動などを含む広い概念でとらえられている．これはアメリカも同様で，当時，アメリカのソーシャルワーク理論は，リッチモンドなどによる体系化がなされる前の段階にあり，Social work，Social Welfare Workは広い概念として捉えられていた．その後，アメリカのソーシャルワーク理論は社会福祉サービスに従事する専従職員の援助理論として収斂されていくが，日本の社会事業という用語はその後も広い概念を含んだまま使用されていくことになる（伊藤，1996）．

2.2. 社会事業の担い手

社会事業という概念が広がるとともに，社会事業に従事する職員への関心も高まりをみせる．留岡幸助の家庭学校，国立感化院・武蔵野学院などの施設に職員養成所が付設され，内務省主催の感化救済事業講習会，中央社会事業協会による社会事業講習会などが始まっていた．さらに，いくつかの大学や専門学校で社会事業教育が開始されるなど，各領域で社会事業教育が，芽生え始めた時代でもあった．

このころ，医療，福祉，住宅，教育，労働に関する法律が成立[2)]し，それにともなって新たな実践が生まれた．その一方で，イギリスやアメリカにおいて救貧法として成立したような救貧立法は日本においては整備されなかった．このことについて伊藤は，「英米では救貧法下でなされていた院内処遇は，日本においてはいわゆる民間社会事業家にゆだねられる状況」(伊藤，1996：229) であったと述べるように，当時の日本における社会事業の担い手として，官の指示や統制のもとで業務に携わるような職員ではなく，篤志家とも呼ばれるような社会事業家の役割が大きかったとことがみてとれる．

またこの時期，多様な領域でモデル事業的なサービスを展開する施設があった[3)]．こうした試行を行うモデル施設が存在したその一方，小規模の民間施設は経営に悩むところもあった．このような経営問題を抱える施設については，昭和初期の恐慌期になるとその経営状況は極度に悪化し，多くの施設が閉鎖する事態に陥った (吉田・一番ヶ瀬，1982)．このような状況について窪田 (1985) は，一方での収容施設軽視とその窮民救助水準への固定，他方での公私格差の二重構造とそれをてこに推し進められた施設社会事業の淘汰という施設の特徴をあげ，これが戦後まで引き継がれる課題となったことを指摘している．とはいえ，社会福祉施設が限界を孕みつつも，次の時代に続く質・量ともに充実させていった時期として捉えることもできよう．このような福祉施設の展開であるが，他方，地域における相談事業は方面委員制度の成立という形で制度化されている．具体的には，委員に任命された民間の篤志家が地区ごとに調査や住民の相談に応じた．方面委員制度は，ドイツのエヴァーフェルト制度を模して制定されたといわれており，1917年に岡山県済生顧問制度，1918年に大阪方面委員制度，1917年に東京市救済委員制度としてそれぞれ成立した．いずれも，制度成立の経過や，委員の選出方法，機能などについては独自性が強かったといわれている一方で，各地の方面委員の技術交流，全国組織を通じて社会運動に取り組まれてもいた．とくに，1933年の救護法実施に関しては，方面委員の運動が大きな影響を及ぼしたといわれている（吉田・一番ヶ瀬，1982）．

また，このような方面委員制度が居宅サービスに関して成立すると同時に，イギリスやアメリカの形態に近いかたちでセツルメントも創設されている．方面委員制度はドイツのエヴァーフェルト制度を手本にしていたが，セツルメントは，キングスレー館のＤ・Ｇグリーン，岡山博愛会ではＡ・Ｐアダムスといった宣教師から大きな影響を受けている．日本で最初のセツルメントは，1897年に片山潜によって設立されたキングスレー館であり，これは片山が訪英中にたずねたトインビーホールにヒントを得たものである．地域住民の強化のための職工教育，幼稚園経営，出版や講演，国民貯蓄銀行など多様な活動を展開した．その後，キングスレー館は数年で閉館するが，その思想を受け継いだセツルメントが各地で設立され，関東大震災以降その全盛期を迎え，当時その数は50を超えていたといわれている．日本のセツルメントは，公立であったり，方面委員の活動の一環として取り組まれたりと多様な形態で発展しており，このような状況を伊藤は，「イギリスやアメリカで，COSとセツルメントが，その運営論を異にしながらも形成していった在宅福祉の原型は，日本においても方面委員制度とセツルメントにより同様に形成された」（伊藤，1996：237）と述べる．さらに1908年には，イギリスのCOSをモデルに，中央社会事業協会の前身である中央慈善協会が設立され，社会事業関係者の連絡調整や，啓蒙活動に取り組んでいる．当時，「民間施設の支援機能を果たすには十分ではなかった」（伊藤，1996：238）が，各府県に地方協会が結成され，募金活動も始められており，その後に続く地域福祉の原型が生まれたのもこの時期であった．

3．第二次世界大戦後の動向

3.1. GHQによる占領と福祉三法の成立

先に述べたように，1920年前後の日本の社会事業の変化，発展は目覚ましいものであった．ところが，方面委員らの運動によって，1932年に救護法の施行が決まったその翌年，満州事変が起こり，日本は戦時体制下に入っていく．部分的ではあったが組織化や教育体制の整備がみられたにも関わらず，戦前の社会事業は，専門的な職業として確立する以前に，戦時体制下のもと衰退していった．

そして，日本の社会福祉は，戦後の占領期に新たな発展をとげることになる．この時期は，日本社会にとってこれまで経験したことのない急激な社会変動期であり，多くの人が飢餓や貧困をはじめとする生活水準の急激な低落にさらされた時期でもあった．このような状況のもと，日本の社会福祉サービスはGHQのリーダーシップのもと再編される．戦後間もなく，生活保護法（1945年），児童福祉法（1947年），身体障害者福祉法（1949年）の福祉三法および社会福祉事業法（1951年）が成立した時代でもある．

この社会福祉三法の成立にともなって，日本の社会福祉従事者についても大きな変化が生じた．新生活保護法による社会福祉主事，児童福祉法による児童福祉司および児童指導員，身体障害者福祉法による身体障害者福祉司および生活指導員，家庭裁判所の調査官という新しい職種が誕生している．日本の社会福祉職員制度の原型が形成された時期と捉えられよう．

このように，急ピッチですすめられた感のある専門技術の導入とその基盤整備であるが，戦後の混乱のなか，「施策そのものの内実が整わず，専門技術は表層的な対応手段でしかありえなかった」（岡本，2016：6）との指摘もある．このような状況に対して，一番ヶ瀬康子（1963）はソーシャルワークの出自をめぐる背景と文化の相違をふまえた理論を展開し，次の2点を指摘する．一つ目は，ソーシャルワークの形成された社会的，経済的背景の差異に注目し，異なる社会的文化的「土壌」で生成された技術であるソーシャルワークを土壌の異なる日本に持ち込もうとしても，文化も思考様式も異なり，親和性に欠けるところが多く，直訳的導入は，実践現場にはなじみにくいというものである．二つ目は，背景の異なる社会で形成されたことを「無視して模倣を行う結果になりかねない」．したがって，翻訳，導入，実践されたとしても，「形式的な模倣か，無意味な挫折しか生まれない」と批判し，「わが国の国民生活の現実に立つ問題意識にもとづき，検討，選択されるべきである」と述べる．このような一番ヶ瀬の指摘に対し，岡本（2016）は，ソーシャルワークの生成過程や内容は，国の事情，圏域の違い，宗教，社会，文化等の差異があるのは周知のことで，「一面では当を得た指摘である」としつつも，その反面，根本には歴史を超越した人類共通の生活問題への動機や普遍性のある方法や技術も含まれており，背景の違いのみではなく，不変性，共通性も看過できないと述べる．加えて，文化については，文化人類学的にその伝播過程には接触，葛藤，交流，対立，拮抗などの紆余曲折を経て同化し，融合するという点も見逃してはならないとする．これら岡本や一番ヶ瀬の議論からわかるのは，戦後，新たな社会づくりを推し進める中において，社会福祉そのものや，それを担う福祉従事者，福祉専門職のあり方が問われ，議論された時代であり，つまり，繰り返しになるが，日本の社会福祉職員制度の原型が形成された時期であったということである．

では，日本の社会福祉職員制度の原型の一つである「社会福祉主事」はどのような特徴を有していたのであろうか．戦後，新生活保護法の担い手として誕生した「社会福祉主事」であるが，その制度はスタートした段階からいくつかの課題をはらんでいた．その一つにあげられるのが，「専門性がきわめてあいまいなまま官僚機構の中に位置づけられた」（伊藤，1996：246）ことであろう．日本の官僚制度の特徴の一つに，極めてジェネラリスト志向が強いことをあげることができるが，そのような中にあって，社会福祉主事は相対的に自立した位置を保持しうるだけの専門性は付与されなかったのである．そのため，法的にはどう規定されようとも，業務の内容はその時々の政策課題によって直接的な制約を受けることになる．もう一つの課題点は，専門性があいまいな一方で，社会福祉主事がケースワーカーと称されて，公的扶助の支給とケースワークという，相反する二つの役割を負うことになった点である．

社会福祉主事制度は，当時の厚生省社会局庶務課長であった黒木利克によってアメリカのケースワークモデルを手本にして立案された（黒木・仲村，1981）ものであるが，この制度を持ってしても公的扶助ソーシャルワークが持つ本来的な矛盾が解決されることはなかった．なぜならそれは，当時，敗戦下の日本においては，生活困窮者は不可避的におびただしく存在しており，そのような状況にあってはC.トールの述べるような「どのようなパーソナリティがその人に貧困をもたらすか．また，貧困はその人のパーソナリティにどのような影響を与えるか[4]」といったアメリカ的関心から離れていない問題意識では，第一線で援助にあたっていた社会福祉主事らの素朴な悩みに対応することができなかったからである（伊藤，1996）．このような課題を有していた社会福祉主事の制度であるが，当時の日本社会が戦後からの復興のなかにあって，社会福祉サービスの最優先課題が生活困窮者に対する経済的救済であったことを考えると，その部門に未経験の職員が採用された状況に対してサービスの均質化や判断の客観化に繋がる援助理論が必要であったこと，その時に利用可能であったアメリカのケースワークモデルを採用したことは妥当な選択であったと言えるかもしれない．

他にも，当時，地域における相談業務に従事するものは，占領下であるという条件に規定されながら，福祉事務所，児童相談所，保健所という行政部門に配置される．このような方法をとったことにより，日本の中での非常に早いスピードでサービス機関，職員および業務が定着したとして肯定的に評価する向きもある．また，この時に制度化された社会福祉主事や児童福祉司のモラルは非常に高く，意欲的に取り組んだという記録も残されている[5]が，このような状況は長くは続かなかった．その理由は，保健所ソーシャルワーカーが増員されないまま十分な発展を遂げなかったことや，公的扶助ワーカー，児童福祉司も国内の官僚機関の整備とともに，その専門性を失っていったことがあげられている（伊藤，1996）．

3.2. 福祉六法体制の完成

第二次世界大戦後，1950年の朝鮮戦争による軍事特需によって，日本の経済は復興の時期を迎える．同時に，世帯の所得が，生活保護基準と同程度から多少上回る程度の所得状態にあると認識される生活状況の人びと，いわゆるボーダーライン階層の出現をみることになる．この階層への対策として，社会福祉協議会や民生委員が取り扱う世帯構成貸付制度（1955年），住宅困窮者を対象とした公営住宅法（1951年），日雇い労働者を対象とした日雇い労働者健康保険法（1974年）などが制定された．

このような低所得層に対応し，貧困階層には生活保護，低所得層には社会福祉と社会保険，国民全体には共通した施策として公衆衛生といったように，階層別のサービス供給の発想が生まれるのもこの時期で，1962年の社会保障制度審議会の勧告でも「社会保障制度とは，疾病，負傷，分娩，廃疾，死亡，老齢，失業，多子，その他困窮の原因に対し，保険的方法または直接公の負担において経済保障の途を講じ，生活困窮に陥った者に対しては，国家扶助によって，最低限度の生活を保障するとともに，公衆衛生および社会福祉の向上をはかり，もってすべての国民が文化的社会の成員たるに値する生活を営むことができるようにすることをいう」と述べられている．

この時期の高度経済成長は，サービス供給の根拠となる法律の施行を後押しした．たとえば，1958年の国民健康保険法や1959年の国民年金法の整備などを例にあげることができよう．さらに，1960年には精神薄弱者福祉法，1963年には老人福祉法，1964年には母子福祉法が制定され，いわゆる社会福祉六法として社会保険と社会福祉の体系的整備がなされた．この時期の福祉サービスの供給は，施設収容による保護を前提としたものであった．このように，社会福祉六法やその他の関連法案が整備される一方で，経済成長優先の政策のもとでの社会福祉の予算の裏付けは十分なものではなく，そのしわ寄せは社会福祉サービスの利用者や職員が受けることになった．朝日訴訟に代表されるような生活保護受給権の侵害や，社会福祉施設職員の過重労働災害の多発が結果としてもたらされてもいた．

3.3. 資格法の成立とその後の対人援助サービス

1980年代から90年代にかけては，急激な高齢化にともなって福祉需要が増大し，そのことが対人援助サービスに大きな変化をもたらした．いわゆる福祉サービス供給の多元化と言われるものである．とくに，マンパワー政策の一環として1987年に成立した「社会福祉士および介護福祉士法」は社会福祉従事者に対して大きな影響をもたらした．この法律は，社会福祉領域において，相談援助業務，指導業務，介護業務に国家資格を付与するものであり，「占領期から引き続いてきた日本の社会福祉専門職の潜在的発展期に，ある意味でピリオドを打った」（伊藤，1996：291）と評される．

この法律により，社会福祉士は，「専門的知識及び技術を以って身体上もしくは精神上の障害がある者，または環境上の理由により日常生活を営むのに支

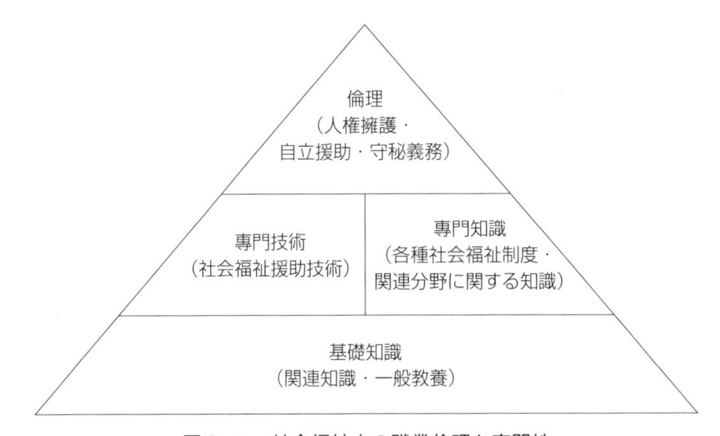

図2－1　社会福祉士の職業倫理と専門性

（出典）京極「社会福祉士の専門性に関する資料」（1987）をもとに筆者作成．

障がある者の福祉に関する相談に応じ，助言，指導，その他の援助（第7条において『相談援助』という）を業とするものをいう」と規定され，登録制による名称独占の国家資格として位置づけられることになった．

この社会福祉士および介護福祉士法の立法過程においては，専門性の根拠が必要とされ，専門性を裏付けるための策として，「フレックスナー的な思考の彩色の施された」「無邪気に「科学」のみを追求しえた古き良き時代の「社会福祉学」を柱に据えることになった」と三島（2007）は批判的に述べる．この点については，社会福祉士の専門性は保留にされたまま，時の厚生大臣佐藤十朗の「政治的決断」に依るところが大きかったと公に語られてもいる．とはいえ，社会福祉士および介護福祉士法の制定の際に，専門性が全く問われなかったということでもない．内閣法制局において，社会福祉士の専門性について検討がなされた際には，厚生省社会局庶務課より日本社会事業大学社会事業研究所に調査協力依頼があって作成された「社会福祉士の職業倫理と専門性」（京極，1987：140）の図（図2－1）も作成されている．この図は，未だに社会福祉の専門性を説明するものとして，教科書などにも掲載されており，ここにも，今なお色濃く残るフレックスナーの影響をみることができよう．

このように，戦後日本の社会福祉制度が整備される中で，相談援助や対人援助に従事する者が登場してきた．そして，従事者に必要とされる専門性や専門職化についての議論も活発に繰り返され，その議論の成果として社会福祉士や介護福祉士などの資格化は一定の評価ができよう．しかしその一方で，「専門性と専門職制の課題は難解な課題を抱え，十分な見透しを立てられないままになっている」（岡本，1996：107）側面もある．この背景要因を，岡本は七つに整理しているが，その一つが，社会福祉以外の専門領域の公的資格と比較である．つまり，社会福祉以外の専門領域においては，専門性と資格が一定の整合性と一貫性を持って構成されているのに対して，社会福祉においては，「「社会福祉主事」「保母」「社会福祉士」「介護福祉士」などの資格はその教育養成のあり方も，資格認定の方法もまちまち」であり，「一貫性や整合性という点からみて「専門家」であっても伝統的な「専門職業」とはかなり異なり，あらゆる福祉実践の領域にも通用する普遍性と横断的性格を保有しているものではない」（岡本，1996：108）とする．たとえば，社会福祉主事は任用資格であり，保育士は養成機関による地方自治体レベルの免許制度と，資格試験による資格取得方法がある．また，社会福祉士及び介護福祉士の養成のあり方も受験資格要件も複数のルートがあり，国家資格ではあるが名称独占の資格である．このような点が，医師や看護師といった資格取得のための教育が体系化されている伝統的な専門職とは異なる点である．

さらに，医療と福祉の専門性の相違点ということについて，岡本（1996）はこのようにも述べている．つまり，医療が何世紀にもわたる経験と知識の上にその成果を蓄積，体系化してきたのとは異なり，福祉の場合はその歴史は浅く，周辺諸科学の成果や法則を援用し，応用することによって援助の技術や方法を形成してきた．その結果，社会福祉の固有の専門的な技術というよりも，専門性の中身や構造が，依拠した専門領域に限りなく類似せざるを得ないという特徴を有することを指摘する．

マンパワー政策の一環として1987年に成立した「社会福祉士および介護福祉士法」であるが，その専門性の中身については国家資格化された後も継続して議論が交わされてきたのはこれまで見たとおりである．このような状況のなか，2000年代になるとより高い実践力を有する専門職としてのあり方がさらに問われることとなり，「社会福祉士および介護福祉士法」は2007年に法律制定後初めて改正された．この改正により，実習演習を始めとした教育カリキュラムも大きく変更することとなった.

4．本章のまとめ

本章では，日本における福祉実践の歩みについて文献研究を中心にして整理してきた．日本の福祉実践は，1920年頃に欧米のソーシャルワークが導入され，一定の定着が見られるようになった．この頃の福祉実践は，社会事業として捉えられていたが，防貧が重視され，まだ貧困状態に陥っていない低所得者にまでその対象が拡大されたいたことを特徴としてあげることができる．また，この当時の日本は，1918年の米騒動を契機として，労働運動や社会運動が興隆していく時代でもあり，人びとが自分たちの暮らしや生活を主体的に「運動」に取り組みながら作りあげていこうとする気運が高まっている時期でもあった．つまり，そのような当事者性をおびた市民の運動の盛り上がりが原動力となって，日本の福祉実践の草創期を支えてきたと捉えることができよう．

このように，日本に福祉実践が根付いていくその初期段階においては，「運動」が一つの原動力となって福祉実践を牽引していることがわかるが，その後，第二次世界大戦後，福祉三法，福祉六法体制が整備され，1980年代以降は福祉の担い手として福祉専門職に関する法整備が急速に進められることになる．1987年の社会福祉士の資格制度化は，戦前から続く，日本における福祉専門職のあり方や，専門性に関する議論の一つの帰結点であったと捉えられよう．しかしその一方で，その時々の政策的要請にこたえる形での専門職制度であったことにより，十分に専門家としての理念や，価値ということについて本質的な議論が積み重ねられたのかというと，必ずしもそうではなく，その場しのぎ的な側面があったことは否めない．とはいえ，資格制度化され，体系的な教育カリキュラムが設定され，社会的に合意された専門職としての歩みが始まったことは，今につながる福祉実践を考えるあたり，大きなターニングポイントであったことは事実であろう．このような日本の福祉実践の歩みをふまえた上で，第3章では，今現在，私たちの暮らす地域において生じている諸問題，いわゆる「今日的な福祉問題」に対応しようとする地域福祉実践について，その支援の特徴について考えてみたいと思う．

注

1） 田子は東京帝国大学法学部を卒業後，内務官僚となり，初代内務省地方局救護課の課長を務める．その後，社会課長，社会局長となり，貧困対策，児童保護，労働問題等に取り組んだ．官選三重県知事などを歴任後，政界に転じている．

2） たとえば，公的住宅供給・住宅組合法（1921年）や感化事業・国立感化院の開設（1919年），少年法（1922年）など．

3） たとえば，伊藤（1996）によると，明治期に開設されていた，少年感化事業における留岡幸助の家庭学校，孤児救済事業における石井十次の岡山孤児院，精神薄弱児教育における石井亮一の滝野川学園などにおいては現在の水準に照らし合わせても質が高く，さらには現在の「施設の社会化」とも呼びうるような先駆的な実践が取り組まれていたという．とりわけ，石井十次はバーナードホームの里親制度にヒントを得て，1905年から農家への院外委託を採用して里親制度を積極的に進めていたという．

4） 社会福祉主事制度を立案した黒木は，アメリカ留学中に診断主義学派の理論家であったC.トールの考えに感銘を受け，公的扶助ケースワークを導入したという．トールの問題意識は重要なテーマではあるが，敗戦直後の日本においては，生活困窮者の生活実態と大きくかけ離れており，したがって公的扶助ケースワークの持つ本来的な矛盾が解消されることはなかったと伊藤は述べている（伊藤，1996）．

5） たとえば，当時，福祉事務所職員であった秋場は，「極端な繁忙と取扱要領の不備にも関わらず，仕事への情熱，使命感に燃えていたということではなく，そんな状況であるからこそ，私達は若い情熱をぶつけていたというべきかもしれない．苦しくても，そこに，自己を表現する可能性を見出し得たということであろうか」（秋場，1981：230）と述べている．

第 3 章

新しい福祉実践の分析

第2章では，日本のこれまでの福祉実践がどのような変遷を経て形づくられてきたかを整理してきた．それでは，いま，地域において取り組まれている福祉実践は，何を対象にし，その実践はどのような特徴を有しているのだろうか．地域における福祉問題の広がりの様相については第1章において述べてきたが，改めて要約すると，これまでの社会では想定しえなかった「今日的な福祉問題」が，あちこちで同時多発的に生じており，そのことに対応する形で新たな福祉実践が地域で胎動しているということであった．本章では，それら「今日的な福祉問題」に対応しようとする実践を〈よりそう支援〉として位置づけ，実践家を対象としたインタビュー調査や公表されている文献資料，映像資料の分析を通してその実践の特徴を明らかにする．

1．福祉実践の分析枠組み

1.1. 社会福祉の対象の二重構造

本書は，社会福祉分野の実践家のあり方を明らかにするものであるが，そもそも，私たちが実践や研究の対象とする社会福祉とは，どのような特徴をもつのだろうか．

真田是は，「社会福祉の対象は社会問題である」(真田，2012：63) とした上で，しかし，すべての社会問題が社会福祉の対象となるわけではなく，社会問題のなかから一定の規則，法則をもって「拾い上げ」られるものがその対象となるという．そして，この「拾い上げ」の規則をつくり，社会問題のなかから社会福祉の対象をつくりだすものが社会福祉政策であると位置づける．

社会福祉の対象は，社会問題をもとにして政策的につくられるという点において政策的な対象ということができるが，「社会福祉の対象は政策的な対象としてだけあるものではない」(真田, 2012：65) とも真田は述べる．つまり，政策的な対応が行われるだけではなく，福祉労働者がそれに働きかける，いわゆる福祉実践の対象にもなることから，「社会福祉の対象は実践的な対象」(同上) でもあるということである．社会福祉はこのように政策と実践の二重の対象性をもつが，政策か実践かのどちらの対象としてとらえられているかによって，対応の仕方にも相違が生じる．たとえば，政策的な対象として焦点があてられているときには，拾い上げられた社会問題はその客観的・社会的な性格に焦点があてられ，同じような社会問題のケースに共通する一般的な対応がとられる．したがって，そこではその問題を抱える個人の状況よりも，その社会問題の状況が重視される．

たとえば，貧困という社会問題を例にあげると，政策的な対象として焦点があてられる場合には，具体的で，かつ個別的な貧困状態にある人や，貧困家庭で起こっている問題が対象とされるよりも，貧困者，貧困家庭という客観的な大枠でとらえられ，そこで共通もしくは大量に生じている諸特徴に対応がなされるのである．つまり，一定水準以下の所得という状態に着目されるのであって，なぜ，どのような事情でその家庭が貧困状態に陥ることになり，個人や家族に具体的にどのような影響がもたらされているのかということは捨象される．しかし，一方で，これが実践の対象としてとりあげられるときは，当該の社会問題が具体的にその問題を抱える人に対してどのような問題として現れているのかということに焦点があてられる．そうして，個別かつ具体的な実践がそこには生まれることになる．

真田はこのように社会福祉の対象について，図3－1のように，政策と実践という二つの視点でもって整理する．それに加えて，この政策的な対象と実践的な対象は，「まったく同じ範囲の社会問題を対象にしているとは限らない」(真田, 2012：66) とも述べる．つまり，政策的に対象化された社会問題は必ず福祉実践の対象に転化するが，福祉実践の対象になったものが必ずしも政策の対象となるとは限らないし，そもそも，実践の対象はこの政策的な対象の範囲の社会問題にとどまるとも言えない．そのうえで，福祉実践の対象は，政策的な対象の範囲よりも広げられ，政策的に対象化されていない潜在的な社会問題をも対象とする．

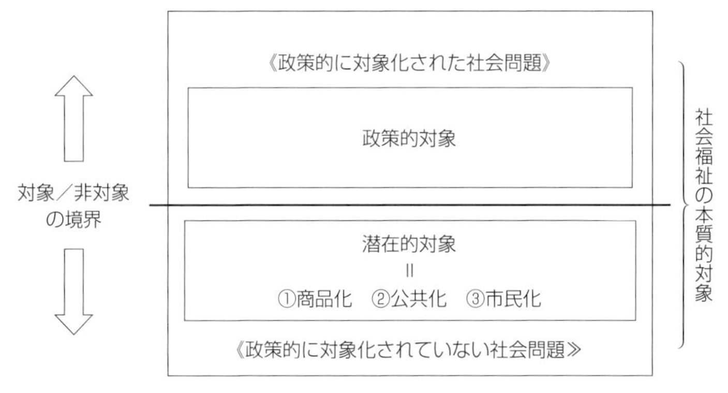

図3－1　社会問題と社会福祉の対象

（出典）筆者作成.

つまり，社会福祉とは何かということ考えるとき，それは「政策」と「実践」によって対象化されるものであり，実践には政策的に対象とされるものと，政策的な対象とはされていないが社会問題として潜在的に存在するものの二つがあると整理することができ，真田はこれを「社会福祉の二重構造」と呼ぶ.

それでは，政策的に対象化された社会問題と，政策的に対象化されていない潜在的な社会問題との境界線は具体的にどのように設定されるのだろうか．この境界設定の動力について真田は，「社会福祉を成立させ，この内容や水準に規定的な影響を与えているものとしては，つぎの三つのものが考えられる」（真田，2012：28）として福祉の「三元構造論」を提示する．そして，石倉（2002）は真田の三元構造と「社会福祉労働」の位置を**図3－2**のように図示する.

つまり，社会福祉は，「社会問題（対象）」「政策主体」「社会運動」[1]の三つをとおしてあらわれ，これらの相互作用，関連をとおして決まってくるものであるとする．さらに真田は，三元構造論を基本において，「政策論と福祉技術論との分離状態を克服する意図を込めて，社会福祉制度・政策と社会福祉の対象を媒介するもの」（石倉，2002：12-13）として「社会福祉労働」を措定している．以下，社会福祉を成立させる三つの構成要素について説明を加えておく.

まず，一つ目の「社会問題（対象）」についてである．真田は，先に述べたように，社会福祉は社会問題を対象にするという．したがって，「社会問題がな

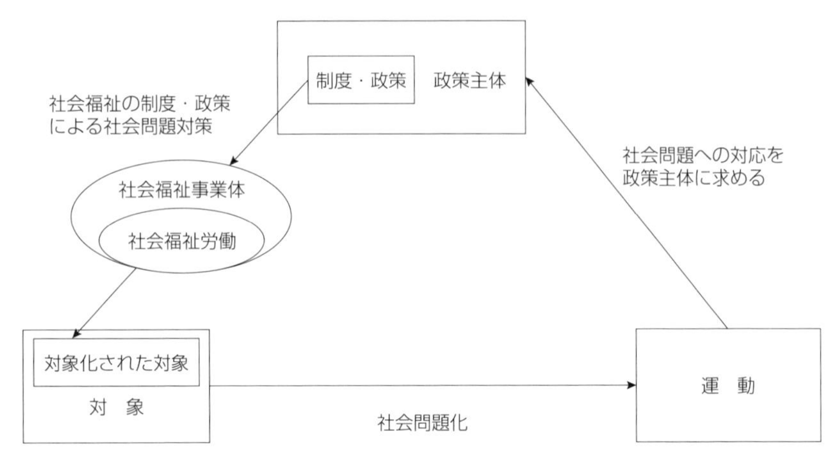

図３－２　社会福祉の三元構造
（出典）石倉『社会福祉事業の場の再構築と社会福祉事業体』（2002年）.

ければ社会福祉も不要であるし，そもそも，成立するようなこともない．また，社会問題の広さや深さといったことが社会福祉の制度やサービスの種類や内容に一定の影響を与える．しかし，社会問題と社会福祉の内容・水準の間には，必ずしも直線的，機械的な関係があるわけではない」（同上）と社会問題と社会福祉の関係について述べる．つまり，社会問題が深かったり，広かったりすると，社会福祉の内容が多様になり，高い水準になるというわけではないということである．さらに，社会問題は，社会福祉にとって必要不可欠な前提ともいえるようなものではあるが，だからといってその内容や水準を決めるということに関しては，決定的なものであるというわけではない．

次に，「政策主体」についてである．これは，真田によれば，「社会福祉を行う主体」（同上）である．「社会福祉の主体というと，実施主体としては社会福祉法人をはじめとする事業所などを考えることができるが，社会福祉を成立させ，その内容と水準に影響を与えるということでの主体は社会福祉を政策として展開する主体，つまり国家である」（同上）と真田は捉える．政策主体は先に述べたように，社会問題と同様に社会福祉の成立には必要不可欠のものである．しかし，社会問題と政策主体との関係ということについては，先に社会福祉の対象の二元構造として述べたように，「政策主体が社会問題の中から社会福祉の対象を決定していくという関係がある」(同上) ことによって，社会福祉の対象は，社会問題と政策主体の両方がなければ成立しないという関係にある．また，社会問題の深さや広さがそのまま社会福祉の内容や水準に結びつくことにはならないのも，「社会福祉の内容や水準は，社会問題だけではなく，政策主体の政策が内容や水準に大きく関わることになるから」(同上) である．

さらに，「社会運動」についてであるが，「社会運動は，歴史的にみると，必ずしも社会福祉の成立にとって不可欠のものではない」(真田，2012：29) とされる．しかし，「社会の一定の発展段階，とりわけ資本主義社会では，社会運動は社会における恒常的な要素になってくるし，それ以降は，社会福祉の内容，水準にとって大きな影響を与える」(同上) とその特徴を述べる．先にも述べたが，社会問題の中からどこまでを社会福祉の対象にするのか，つまり，社会福祉の水準をどこに設定するのかということについては，政策主体がイニシアチブを持っている．しかし，真田によれば，「社会福祉のすべてが政策主体によって決まるというのではない．政策主体は，社会運動との対立関係の中で，社会運動に対するさまざまな政策的な対応や配慮を行うことをとおして社会福祉の対象や，水準を決めていく」(同上) ものである．つまり，政策主体もまた，恣意的，一方的に社会福祉を決定しうるものではなく，それなりに社会法則を体現している社会問題と社会福祉の規定を受けながら行うものであるということである．

このように，「社会問題 (対象)」「政策主体」「社会運動」のどれか一つでも欠けると，社会福祉は成立しない．この三つの関係は，常にせめぎ合って存在しており，そのダイナミックなせめぎあいが福祉の内容や水準を規定するのである．この状態を真田は，「社会福祉は決して客観主義的につくられるものではない」し，「客観主義的にアプローチすることで足りるものではない」(真田，1975) と表現する．つまり，社会福祉は固定的なものではなく，常に流動的であり，時代とともに変化する性質を有するということである．

1.2. 福祉実践の四象限

前項で述べたように，真田は，社会福祉の対象について，「政策的に対象化された対象」と，政策的に対象化されていない「潜在的な対象としての対象」

図３－３　福祉実践の四象限

（出典）筆者作成.

の二重構造によって規定した．真田の社会福祉の二重構造は，問題や置かれている状況を規定するものであるが，しかし，その問題について誰が，どのように解決するのか，ということについては直接的には言及されていない．このような状況をふまえ，本研究は，この真田の社会福祉の対象の二重構造を援用し，そこに，社会福祉の問題状況として現れるものを「誰が担うのか」という「実践者」の視点をもう一つの軸に加え，**図３－３**に示すような四つの象限を作成した．つまり，**図３－３**は，社会福祉の対象である「政策」と「実践者」をそれぞれ縦軸と横軸において，縦軸は，政策対象として認識されているか，横軸は誰によって，どのように実践が取り組まれているかをあらわしている．

以下，それぞれの象限について説明する．

まず，「第一象限」である．この象限に該当する実践は，政策的に対象化されており，根拠法を持つ．そして，実践を担うのは専門職制度に裏付けられた資格を持つ実践者である．例えば実践として想定されるのは，地域包括支援センターにおけるケアマネジャーや保健師，社会福祉士によって担われる活動である．地域包括支援センターは介護保険制度という根拠法に基づいて設置される機関であり，社会福祉士に関していえば，唯一その配置基準が法律の中に明記されている．この実践そのものが制度的な背景を持ち，さらにそれを担う専門家も何らかの資格を有し，制度に裏づけられている．従来，私たちが「専門家」による「専門的」な支援として認識してきた実践であるともいえよう．

また，根拠法を有し，担う実践者も規定されていることから，この象限で提供される福祉サービスは他の象限の実践に取って代わることはできない．つまり，ある意味，対象やサービス内容が限定された活動であるという特徴も持つ．また，制度的な背景を持つということは，言い換えれば公的な財源が投入されているということである．公的な財源の投入によって，サービス提供はある程度安定するが，しかしその一方で，一旦財源が縮小されるということになると，その実践そのものも縮小せざるを得なくなる．実践そのものの必要性ということよりも，政策動向や経済状況に左右されやすいという傾向がある．さらに，制度によって裏付けられているため，その対象となる問題や人はその制度が範囲とすることに限定されるため，制度からこぼれ落ちてしまう人，いわゆる「制度からの排除状態」（高良，2017）を生み出すという制度の限界もここには存在している．

次に，「第二象限」は，その実践は政策的に対象化され，根拠法に基づいたものであるが，その実践を担うのは，必ずしも専門職制度に裏付けられている実践者に限られるものではない実践である．たとえば，福祉事務所や児童相談所など公的な福祉機関や，高齢者福祉施設や障害者福祉施設，児童養護施設など福祉サービスを提供する福祉事業所が想定される．そこで実践を担うのは，社会福祉主事や児童福祉司といった任用資格として位置づけられるものたちである．これらは，それぞれの施設の設置は，高齢者福祉法や障害者福祉法，児童福祉法など根拠法に基づいており，法の範囲内においてサービスが提供される．サービスを提供する対象者や，どのようなサービスをどの程度提供するかということについても根拠法において定められる．ここで実践を担うのは，介護福祉士やヘルパーなどいわゆる公的な資格を有するものもいるが，必ずしも資格を有していないとその業務にたずさわれないというわけではない．従来の措置制度としての福祉サービスの提供が想定される．また，この「第一象限」と「第二象限」に位置づく実践は，真田是の三元構造論でいうところの制度・政策と対象を媒介する「社会福祉労働」として捉えることができるものでもある．

次に，「第三象限」に位置づけられる実践は，問題を抱えた人が存在し，その問題や人に対して何らかの対応が必要だと気づいた人（実践者）が始めた任意の活動である．したがって，その実践は制度的な背景を有さず，その担い手は専門職制度に裏付けられていない実践者である．たとえば，家族を介護する人たちを対象にした電話相談，ひきこもりの若者たちの居場所づくりなどはこの第三象限の実践として位置づけることができよう．問題は存在し，たしかに対応が必要ではあるのだが，しかし，実践を推し進める上での制度的背景（根拠法）を持たないという特徴がある．その課題はいまだ社会的に認知されていないことで，政策的に対象化されていないし，それらの実践を裏付けるような専門職制度も存在しない．そこにあるのは，何らかの理由で生きづらさや困難を抱えている人であり，その状況である．そして，そのことに気づいた人たちが，みるにみかねて，いてもたってもいられなくはじめた実践である．

最後に，「第四象限」に位置づけられる実践は，政策的に対象化された，制度的な背景を持つものではない．しかし，その一方で，その実践を担うのは何らかの専門職制度に裏付けられた専門家である．たとえば，看護師や社会福祉士が実践に取り組み始めた宅老所の活動などはこの象限に位置づけることができよう．資格制度に裏づけられた有資格者による実践であると位置づけられるが，その活動の動機は，たとえば，第一象限や第二象限のように制度的背景を持つ実践の中で，その制度の限界を感じるような現実に直面したことによる．そのような制約を感じる実践のなかで，専門職らが，自らの専門性を活かして新たな活動を展開させようとしたような出自を持つことがある．つまり，制度だけでは担いきれない現実が，実践者らを動かす原動力となっているような場合である．

2．〈よりそう支援〉の臨床研究

本書は，「今日的な福祉問題」に取り組む実践家の実践を〈よりそう支援〉と捉え，その支援の構造分析をショーンの省察的実践者という専門家像を手がかりにして試みるものである．では，〈よりそう支援〉とされる福祉実践は，先に提示した「福祉実践の四象限」で言えばいずれの象限に位置づけることができるだろうか．以下，五つの事例について実践の特徴や実践者のエピソード，

表3－1　調査概要

	事例	実践内容	インタビュー実施日	分析材料
若者・こどもの問題	事例1	ひきこもりの若者支援	2017年10月30日 2019年10月19日 2021年10月6日	・実践者へのインタビューデータ ・ドキュメンタリー映像資料 ・出版物 ・団体ホームページ
	事例2	若者の居場所支援	2018年9月27日 2018年12月8日	・実践者へのインタビューデータ ・実践者への電話インタビューデータ ・ドキュメンタリー映像資料 ・出版物 ・団体ホームページ
貧困の問題	事例3	ホームレス状態にある人への支援	2015年3月6日 2015年3月7日	・実践者へのインタビューデータ ・ドキュメンタリー映像資料 ・出版物 ・団体ホームページ
地域・家族の問題	事例4	貧困家庭への支援	2018年4月29日 2018年7月11日	・実践者へのインタビューデータ ・出版物 ・団体ホームページ
	事例5	家族介護者への支援	訪問なし	・出版物 ・団体ホームページ

（出典）筆者作成.

支援スタイルを整理しつつ，「福祉実践の四象限」との関係について考察していく.

2.1. 分析データ

本節での分析は，次の二つを分析データとして用いる．一つは，インタビューおよびフィールドワークによる質的調査のデータ，もう一つは，映像資料や出版物，報告書，パンフレット，ホームページなどの公表された資料である．質的調査に加えて，公表された資料を用いることもあれば，公表された資料のみを使用する場合もある．公表されたもののみを用いる場合は，公表可能にする過程で捨象された事実があるであろうという点に留意し，本書にとって重要な示唆を与えると考えられる内容を対象とする.

実践事例分析の対象とした実践の概要は，**表3－1**のとおりである．事例として取り上げたのは，第1章において，広がる生活問題として分析を行った

「若者・こどもの問題」「貧困の問題」「地域・家族の問題」の三つの「今日的な福祉問題」に対応する具体的な実践である．これらの実践を取り上げるのは，従来の社会福祉制度が政策の対象とすることなく放置してきた諸問題に対応しようとする実践であり，これまで文献や実践レポート，ドキュメンタリー映像としてまとめられていることから分析に足りうる事例，つまり一定の社会的評価を得ていると想定される事例であるということが選定の理由である．

これらの実践について，①概要，②実践者の属性や経験，実践方法（目標・対象者・内容など）についての概略，③実践のスタイル，④特徴的なエピソード，⑤今後の展開や課題を記述する．執筆に際しては，個人情報の保護につとめ，実践に関わる対象者の特定がなされない範囲でデータを取り扱うこととする．なお，本調査は，大谷大学研究倫理委員会の承認を受けて実施するものである（承認番号017-05）．

2.2. 実践事例の分析

（事例１）ひきこもりの若者支援の事例

① 概　　要（表３-２）

2011年，塾講師をしていたＡ氏はひきこもりや発達障害のある若者の居場所として富山県高岡市にある一軒家を開放し実践を始める．筆者がインタビューを行った2017年10月30日時点では，スタッフとして実践に関わるのはＡ氏のみであった．一軒家の賃料や電話代などで月120,000円程度の支出があるが，これは日々の利用料で賄える金額である．近年，実践が展開するなかで，対象者がひきこもりや発達障害の若者に限らず，失業者やDV被害者など，社会の中でなんらかの生きづらさを抱えている人に広がりつつある．

② 実践者の属性や経験，実践方法（目標・対象者・内容など）についての概略

コミュニティハウスＨは，住宅地の中にある一軒家で，毎日，乳児から大人までが訪れる．コミュニティハウスＨを運営するＡ氏は，いわゆる社会福祉の専門家でも，教育の専門家でもない．しかし，いま全国からその実践が注目され，ひっきりなしに講演依頼が舞い込んでいる．2017年６月24日には，ETV特集「ひとのま　ある一軒家に集う人びと」[2]と題してＡ氏の実践を追っ

表3-2　A氏の実践概要

活動開始年	2011年
対　象　者	ひきこもり，発達障害，失業者，DV被害者，など
スタッフ	1名
財政規模	概ね月120,000円程度の利用料収入
実践内容	不登校，ひきこもりなどの若者支援，親の会，コミュニティカフェ事業，セミナー・交流企画事業

（出典）団体ホームページ[3)]およびインタビュー内容をもとに筆者作成.

たドキュメンタリー番組も放送された.

コミュニティハウスHは，2011年の東日本大震災後，被災地から避難してきた人たちの交流の場所として一軒家を開放したのが実践の始まりである.「誰でも来ていいよ．誰も排除しない.」というのが運営方針のコミュニティスペースで，ひきこもり，不登校，発達障害，失業，DV被害者など，何かしらの生きづらさを抱えた人がA氏のもとにやってくる．コミュニティハウスHの利用料は1日300円[4)]で，「ある時に払ってくれたら，それでいい」（2017年10月30日筆者インタビューより）というように，お金がなければ払わなくてもよい．スタッフはA氏だけであるが，「相談を受けるとか，支援をするスタッフではない．あえて言うならば，家賃を払ったりとか，電話代を払ったりするという意味でのスタッフかな」（2017年10月30日筆者インタビューより）というように，A氏がコミュニティハウスに集う人びとを指導したり，後に述べるように個別に支援プログラムを作成するものではない．したがって，A氏が不在にしている時であっても，そこに誰かが集うことでコミュニティハウスHは存在しており，居場所としてオープンしている[5)].

A氏は，実践を始めた経緯を，2017年10月30日に筆者が行ったインタビューにおいて以下のように語っている．大学を卒業後，スタッフとして勤めていた学習塾で，A氏は，精神疾患があったり，親からの過干渉に悩んでいたり，何かしらの問題を抱えた生徒らに出会う．しかし，「いじめられていると親に訴えても，『がんばれ』としか言ってもらえない子もおり，成績を上げる以前に解決しないことがあると実感した」（2017年10月30日筆者インタビューより）とA氏は当時を振り返る．このような状況のなか，A氏は塾講師の仕事の合間を縫って高校生の相談に乗っていたが，「そんな時間があれば，親に夏季講習を売り込めると上司から言われ，たしかに営利企業の塾では，上司の言い分は正しいと納得し」（2017年10月30日筆者インタビューより），雇われていた塾を辞めて自分で塾を開業することにしたという．その後，自ら開業した塾では，「当然勉強を教えたが，家庭にも学校にも居場所を見つけられない子どもたちのよりどころを目指し，子どもたちの相談にもとことん付き合った」（2017年10月30日筆者インタビューより）というように，子どもたちの話にじっくり聞くスタイルをつくっていく．そんなA氏を慕って，不登校の子どもたちが多く集まるようになり，次第に，どこから聞いたのか，大人も行ってもいいかという問い合わせが来るようになり，活動は広がっていく．そして，当初は被災者の交流の場として開設していた場所に，不登校の子どもたちや何らかの困難を抱える大人たちも合流するようになり，現在の実践の形態ができあがっていった（2017年10月30日筆者インタビューより）．

③ 実践のスタイル

コミュニティハウスHは老若男女，問題を抱えている人も，そうでない人も，誰もが自由に集える場所である．そこには，「特別なものは何もなくて，ただ場所があって，人が来る．それだけ」（2017年10月30日筆者インタビューより）とA氏がいうように，特に決まったスケジュールやプログラムがあるわけではない．誰もが，好きな時に来て，好きな時に帰る，そんな場所である．A氏の実践を取り上げたドキュメンタリー番組では，朝からやってきて，読書をしたり，おしゃべりをしたり，一日中ゲームをしている子もいれば，問題集を解いていたりする子どもたちの様子が紹介されている．決まったプログラムはないが，そこにいる人ができることをできる形でやっており，たとえば，「元ひきこもりの若者が，今ひきこもりの若者の家に行って外に連れ出しました．生活保護で生活してる爺さんが精神疾患を抱えた若者に元気をもらい，また若者は爺さんに元気にしてもらっています．僕の息子の面倒をコミュニティハウスHに来る人がかわるがわる見てくれています」（宮田，2017：32）と述べるように，支援プログラムが確立していて，そのメニューに沿って支援が行われているわけではなく，そこに集う人がお互いにケアしたり，ケアされたりする関係を築いている．このようなコミュニティハウスHに集う人びとの様子を見てA氏は，「コミュニティハウスHにはプログラムはないけれど，ここにいれば互いに受け入れてくれる感がある」（2017年10月30日筆者インタビューより）と「ただそこにいること」や「場」のもつ強みともいえることに言及する．たとえば，ドキュメンタリー番組のなかで，学校でいじめられていた子どもや，自分が発達障害であることを職場に伝えると必要以上に気を遣われてしまい，次第に職場で孤立していった男性など，自分が所属している集団から疎外・排除されてきた人たちが，コミュニティハウスHにやってくる様子が紹介されているが，「学校や職場で疎外されていた彼らが，コミュニティハウスにくると自然と受け入れられる．そして，次にまた新しくコミュニティハウスHにやってきた人を受け入れている」（2017年10月30日筆者インタビューより）と語るように，それはA氏が「ああしなさい．こうしなさい」と指示して築かれる関係性ではなく，自然とそこに生まれる相互の関係である．A氏はこの場に込めた願いを「『特別なだれか』がだれかを助けてあげるところではなく，一人ひとりの人間が，それぞれの存在を大切にしながら支え合っていくことです．だから，『ときには助けながら，ときには助けられながら』なのです．」（宮田，2018：62）と述べるが，まさに「あなた困っている人」「わたし助ける人」と線引きするのではない関係性が生み出されているのがコミュニティHの日常なのである．

先にも述べたが，「大人の人にはもちろんのこと，子どもたちに対しても特別なプログラムやカリキュラムを用意しているわけではありません．その日集まったメンバーで話し合って何をするか決めたりするわけでもありません」（宮田，2018：65）というように，コミュニティハウスHには決まった支援プログラムは存在していない．しかし，子どもたちが企画運営をする形で新年会や忘年会，クリスマス会や周年イベントなどのイベントが年間を通じて数多く行われている．これも，「みんな普段は一日中ゲームに興じていたりスマホをいじっていたり思い思いに過ごしているのですが，ふとしたときに，だれかが『○○したい！』と言い出し，いつの間にか形になっているものが多かったりします」（同上）と自然発生的に形になっているのだという．子どもたちはこのようなイベントを自分たちの手で運営することを通して，互いにコミュニケーションを取り合ったり，協力し合ったりし，お互いを受け入れ合う関係性を生み出しているのだという（2017年10月30日筆者インタビューより）．また，この子どもたちが運営するイベントは，社会との接点を作り出すきっかけにもなっており，近隣住民との良好な関係の構築に大いに役立っているとＡ氏はいう．たとえば，Ａ氏が実践を始めた当初は，いわゆる近隣住民からのクレームがなかったわけではないというが，イベントを介した近隣住民との交流が，ひきこもりや不登校に対する社会の意識や偏見にも変化をもたらし，最近ではコミュニティハウスＨやそこに集う若者たちへの理解も進み，近隣からの苦情はほぼ皆無な状態だという[6)]（2017年10月30日筆者インタビューより）．

さらに，イベントには知り合いが知り合いを呼んで，そこから新たなつながりが生まれたりもする．「何気ない会話のなかで『実はいま家族のなかで困っていることがあって』という話になって，『じゃぁ今度ゆっくり話聞かせてよ』というところから新たな関わりが生まれることもある」（2017年10月30日筆者インタビューより）とＡ氏が述べるように，誰もが気負うことなくふらりと立ち寄れる場所ときっかけがあること，そこで交わされる何気ない会話が，支援が必要とされる状況の発見や，次の実践や展開[7)]につながるきっかけになっていることがわかる．まさにＡ氏が述べる「大切なのは，特別なだれかがルールややることを決めるのではなく，フラットに声を出そうと思えば出せること」（宮田，2018：65-66）の到達点である．

その他に，コミュニティハウスＨでは，利用している家族が集う「親の会」を月１回開催[8)]している．コミュニティハウスＨにやってくる子どもたちが不登校になった原因や，家族が抱える悩みや問題はさまざまである．そのような中で，コミュニティハウスＨや家庭での様子，心配なこと，嬉しいことなどについてお互いに共有し合える場は保護者にとって楽しみなひとときとなっているという．小学校や中学校のPTAのようなものであるが，家庭の事情や立場もさまざまであるので，親の会や行事への参加は強制ではなく，できるときにできる範囲で保護者たちは参加している．また，Ａ氏が経営する学習塾とも連携しつつ，子どもたちの学習支援にも取り組んでいる（2017年10月30日筆者インタビューより）．

このように実践を進めるＡ氏であるが，Ａ氏は自らのことを決して「支援者」とは呼ばない．「なんの専門家でもない．特別な対人スキルを学んできたわけでもないし」（2017年10月30日筆者インタビューより）といって，あくまでも，「『友だち』『知り合い』として側にいる存在」（2017年10月30日筆者インタビューより）というスタイルとる．また，「何の資格がなくても，客観的に話を聞いて役所につなげたり，ただ話を聞いたりすることはできる」（2017年10月30日筆者インタビューより）と述べる．たしかに，A氏は，福祉や教育の資格を持つ，いわゆる従来私たちが認識してきたような「専門職」ではない．ただ，どのような場面においても，一貫してその場にいる人の話をじっくり聞き，コミュニティハウスHに集う人びとに寄り添い続けようとする．

④ 特徴的なエピソード

A氏のもとには，精神科の医師や，ひきこもり支援センターから紹介されたという親からの相談が日常的にはいってくる（2017年10月30日筆者インタビューより）．そのような場合の子どもと親との関わり方について，A氏は筆者によるインタビューの際に次のように語ってくれた．「『うちの子，ひきこもっていて……』という母親からの相談があったときには，いつかうちに来れればいいや，で終わっていては何の解決にもならない．だから，来れないんだったらこちらから出かけていくというスタンスをとる．そのとき母親に，まず何で困っているのかを聞く．子どもが外に出られなくて困っているときけば，じゃぁ，自分には何ができるだろう？　と考えて，とりあえず家に行こうかと．それで，どうすればその子どもに会うことができるかをあの手この手で母親と一緒に考える（傍点筆者）」（2017年10月30日筆者インタビューより）というように，子どもがいる場に自ら赴き，そこでの対応を母親と一緒に「あの手この手で」，まさに試行錯誤しながら考えていくのだという．さらに，子どもには，あくまでも母親の友人として会うといい「『お母さんから話聞いて，君に会いたいと思ってきたんだけど．会っていいと思ったら，会って．もし会いたくなかったら帰るし．お互いの言い分を言いながらやっていこう』というように母親から聞いた話や，自分がどんなふうに本人と向き合っていきたいと考えているのかということを包み隠さず正直に話すようにしている」（2017年10月30日筆者インタビューより）と，本人不在のままものごとを決めたり，行動に移したりすることはないのだという．このケースの場合，数回コミュニティハウスＨに通う他の子どもたちと一緒に家庭訪問を続けるうちに，子どもたち同士が自然と仲良くなり，結果，ひきこもっていた子はコミュニティハウスＨに通ってくるようになった．「将来的に学校に行ってほしい，就職してほしいといった思いは母親にはあったかもしれないが，まずは外に出られなくて困っているという目の前のことに対応することを心がけた」（2017年10月30日筆者インタビューより）とＡ氏はいう．

他にも，Ａ氏の実践を取り上げたドキュメンタリーの中で紹介された大学生Ｍさんとのエピソードも A 氏の実践について考える上で特徴的なものであると考える．以下，ドキュメンタリー番組の内容を整理しつつ，Ａ氏の実践について述べる．グラフィックデザイナーを目指すＭさんは，そのデザインやスキルが学内外から高い評価を得ており，いくつかの広報物にも採用されるほどの実力の持ち主であった．しかし，在学中にうつ病を発症したことから大学を休学せざるを得ない状況に陥ってしまう．Ｍさんの母親は生活保護を受給するシングルマザーで，Ｍさんは奨学金を貸与することで学費や生活費を賄っていた．しかし，大学を休学したことで奨学金を継続して受け取ることができなくなるが，だからといって母親に経済的な支援を頼めるような状況でもなく，この状態を変えることができないままひきこもり生活を送っていた．そのような中，Ａ氏に出会い，コミュニティハウスＨに通うようになる．そして，グラフィックデザイナーの夢を叶えるために大学への復学を目指し，当面の生活資金を得るためにも，ひとまず障害者雇用枠での仕事探しを希望するようになる．このような状況のＭさんに対し，ドキュメンタリー番組のなかでＡ氏は，障害者雇用支援を行う窓口に付き添い，Ｍさんの思いを支えようとする．しかし，行政の窓口では，（障害者雇用枠は）長期で継続して雇用を希望する障害者を対象とするので，彼のように短期での就職を希望するものは対象とならないとして取り合ってもらうことができなかった．いくつかの窓口を訪ねるも，結果は同じであった（2017年６月24日放送ドキュメンタリー映像より）．

Ａ氏は，Ｍさんとの関わりについて，筆者が行なったインタビューの際，「（役所に）仕事を見つけてほしいとか，そういうことを言いたいのではなく，可能性を一緒に相談できたらいいよねと思っていた．（でも相談に行ってみると）

バシッと，うちはこういう場所で，こういうことができて，やれることはこれとこれとこれでといって話を切られる．何を言ってるのかよくわかんなかった．一緒に考えてくれることが大事だと思うけど（そうではなかった）」と，行政の窓口での対応に後味の悪い憤りを感じたという（2017年10月30日筆者インタビューより）．結局，夢を叶えるために復学をしたいというＭさんの思いは受け入れられることなく，一人暮らしをしていた住まいを引き払うことになる．Ａ氏は，「一人の人間として，関わったものとしてこの結末はなんだかなぁって考えさせられることが多くて」と話してくれた（2017年10月30日筆者インタビューより）．

また，コミュニティハウスＨには，帰る場所がない人がしばらく泊まることもある．生活に困った人がやってきたら食べ物を渡す．夫のDVから逃げてくる人や，家族がなく，孤独にさいなまれて死にたくなったという人も一緒に暮らしている．数年前からは，刑務所や少年院を出所した人も受け入れている．これは，オープン当時に想定したことではなかったが，色々な相談を聞いているうちに，気づいたらこうなっていたという．最近では，「行政でも，困ったらコミュニティハウスＨと思われている[9]」とＡ氏は言う（2017年10月30日筆者インタビューより）．

⑤ 今後の展開や課題

コミュニティハウスＨの今後の活動についての課題をインタビューの際に質問をしたが，Ａ氏の回答は「課題は特にない」であった．ただ，「コミュニティハウスＨにやってくる人に向き合うだけ．特に行政にああしてほしいとか，こうしてほしいとかもない．どちらかといえば，（行政とは）距離を置いておきたい．その方が自由に活動をできるから」と話す（2017年10月30日筆者インタビューより）．

（事例２）若者の居場所支援の事例

① 概　　要（表３－３）

Ｂ氏は，1980年に保護司[10]となったことをきっかけに，自宅で非行少年や触法少年らに対して食事を提供し始める．その後，Ｂ氏が保護司を引退した後，

表3-3　B氏の実践概要

活動開始	1980年 2015年からは特定非営利活動法人として活動
対象者	家庭環境に恵まれない子どもや青年とその家族
スタッフ	5～15名
財政規模	6,890,005円（2016年度経常収益）
実践内容	子どもたちへの食事や居場所の提供

（出典）団体ホームページ[11]，総会資料およびB氏へのインタビュー内容をもとに筆者作成．

2015年には特定非営利活動法人を設立し，現在にわたって実践を拡大・展開させている．5～15名程度のスタッフが，食事を提供するボランティアとして実践を支えている．2016年度の総会資料によると，2016年度経常収益は6,890,005円であり，行政からの委託事業が財政面で大きなウエイトを占めている．

② 実践者の属性や経験，実践方法（目標・対象者・内容など）についての概略

B氏は，「罪を犯してしまう子どもたちはみんなお腹を空かせている」（2018年12月8日筆者インタビューより）といって，30年以上自宅を開放して無償で子どもたちに食事と居場所を提供している．広島市基町で「ばっちゃん」と呼ばれるB氏は，貧困や育児放棄など，さまざまな理由で食事をとれずにいる子どもたちを支える実践を長年続けている．B氏のもとには，毎日，小学生から21歳までの少年たち3～10人がやってくる．B氏のご飯を食べてすぐに非行がおさまる子もいれば，何年もかかる子もいるが，B氏との交流を介して子どもたちは立ち直りのきっかけを見つけていく（2018年12月8日筆者インタビューより）．B氏の実践は，2017年1月7日にドキュメンタリー番組「NHKスペシャル　ばっちゃん――子どもたちが立ち直る居場所――[12]」として放映され，大きな反響を呼んだ．

B氏はPTAの役員をしていたころに，非行少年への接し方がうまいと警察や学校から勧められて保護司になった（2018年12月8日筆者インタビューより）．B氏は自身のことを「少年犯罪についても全くの素人です．福祉の勉強をしているわけでもない」（中本，2017：57）というように，当初は，保護司が何をする

ものなのかという知識も何もなかったという．保護司を始めた当初はこのような状況であったが，「長年，37，8年とやってきた中で，子どもたちから教わり，保護者から教わり，というようにして少しずつ学び，今まで続いてこれました」（中本，2017：141）と，子どもたちとの関わりのなかで自らの実践のスタイルを確立していったと述べる．

③ 実践のスタイル

B氏の実践について，伊集院（2017）は，あくまでも主たる目的はお腹を空かせた子どもに食事を振舞うことであり，相談できる場として自宅を開放しているわけではないという．「ご飯を食べに来ているうちに，自然と相談するようになり，子どもたちにとって“食事だけでなく相談することができる”かけがえのない“居場所”になっていく」（伊集院，2017：94）のである．この「相談が主目的でない」ことが，逆に子どもたちにとって相談がしやすくなる状況を作り出しているのではないかと考える．つまり，「悩みや不安といった子どもたちの心の核心に至る以前に，聞くべき，一見無駄にも思える質問が山ほどあり，それが結果的に相談しやすい環境を作っていく」（伊集院，2017：94）というように，一見無駄にも思える「ご飯食べたか？」「いつから食べていない？」「いつもはどうしよるのか？」「どんなご飯を食べてるのか？」「給食は食べたのか？」「お母さんは作ってくれるのか？」「好きなもんは？」「嫌いなもんは？」といった質問は，子どもの答えやすい質問であり，このような質問を繰り返し，その受け答えで子どもの心の状態を図ることで，子どもの側からの捉え方に重きをおいた会話になるというのである（2018年12月8日筆者インタビューより）．

また，B氏の実践スタイルの特徴として，「一緒にやろう」という行動パターンをあげることができる．たとえば，B氏は，子どもたちやその家族に対して，自治体の支援センターや法律相談での支援が必要だと判断したとき，けっして当事者だけで向かわせることはせず，一緒についていき，一緒に話を聞く（2018年12月8日筆者インタビューより）．「同伴指導で一緒に行ったときは，連れていくだけじゃなく，その人の傍らに座って，一緒になって話を聞きます．この人が，行った先の人を信用してくれるまで，私がしっかりと関わるようにしています」(中本，2017：94）というように，けっして本人を不安にさせない，少しでも孤独な気持ちにさせないように心がけているとも述べる．子どもたちも，「あそこに行きなさい」「ここに行きなさい」と大人は道しるべを口で教えてくれるだけで，結局は一人で行きなさいということになるのだが，「ばっちゃんは，必ず一緒に行って，その場にとどまって，一緒に話を聞いてくれて，共感してくれるじゃろ．それがここの会の一番好きなところ」(中本，2017：93）と言う．家庭環境に恵まれず，非行を繰り返し，苦しい思いをしている子どもたちに命令や指導を一方的に伝えるのではなく，子どもたちのことを理解して共感することが何よりも大事だとＢ氏は述べる．「しんどい荷物を一緒に持ってあげるような気持ちで，苦しいね．うちも一緒に苦しんであげる．（中略）そのかわり，その苦しみを早くのけるようにしようね．うちもがんばるけん，あんたもがんばってくれる？」(中本，2017：58）と伝えると，子どもたちは「がんばります」と返してくれるようになるのだという（2018年12月８日筆者インタビューより）．

④ 特徴的なエピソード

Ｂ氏の実践を取り上げたドキュメンタリー番組には，中学生２年生のＥさんが登場する．Ｅさんは母親の再婚後，家族になじめず居場所を見つけられずにいた．Ｂ氏のもとに来ないときは，夜は遊びまわり，そのたびに問題を起こし，結果，少年院に入ることになる．少年院から仮退院の日，「不安，怖い，ちゃんと生活できるだろうか」と16歳のＥさんは，誰も知らない土地で生活を始める不安な胸の内をＢ氏に電話で伝える．Ｅさんが少年院をでて，一番に電話をかけた相手は他でもないＢ氏であった（2017年１月７日放送ドキュメンタリー映像より）．

この番組のなかで，ＥさんにとってＢ氏はどのような存在なのかと番組スタッフが問う場面がある．この問いにＥさんは，「何かあったらばっちゃん（Ｂ氏）に相談しようと思う．ばっちゃんとはずっと関わっていこうと思う．言葉にできないけど，関係は切りたくない．切ってはいけない．ばっちゃんがいると安心できる.」「前はお腹すいたら電話する食堂みたいな感じでばっちゃんのこと思ってたけど，今は違う．自分の家族として，ばっちゃんの家に会いに行きたい」「たぶんばっちゃんは，悪さするより電話してきて（会いに来て）えらかった，えらかった，って言ってくれると思う」（2017年1月7日放送ドキュメンタリー映像より）とEさんにとってB氏がいかに大きな存在であるかということを語っている．

最近は，B氏の実践に賛同する仲間も増え，ボランティアとして関わってくる人や，全国からの寄付も数多く寄せられているという．「なぜこのように大変なことを続けられるのか？」と問う番組スタッフとの間でこのようなやりとりがなされる．「こがいに大変なのなぜ続けるん？てよう聞かれる．けど，私にもようわからん．なんでじゃろ．なんかあるたんびに，朝3時半から起こされてごらん．なんでここまでせにゃいけんの．もうせんーて思うよ．」「それでも続くのはB氏さんのなかに喜びがあるから？」「そんなもんありゃせん．つらいばっかり」とB氏は笑いながら即答する．しかし，最後に「子どもから面と向かって，助けてと言われたことのない人には分からないんじゃないの？」と答えるのである（2017年1月7日放送ドキュメンタリー映像より）．

⑤ 今後の展開や課題

これまでB氏が個人でやってきた活動を，NPO法人の活動として引き継ぎながら継続している．法人は，少年の非行・再非行防止を目的として2015年に設立された．この法人化によって，子どもたちの支援から，親への支援へと活動の幅が広がっている（2018年12月8日筆者インタビューより）．

（事例3）ホームレス状態にある人への支援の事例

① 概　　要（表3-4）

認定特定非営利活動法人Hは，1988年にホームレス支援の活動を始める．ホームレス状態にある人や生活困窮者，身寄りのない高齢者に対して住まいを提供するとともに，就労支援や社会参加を図る実践も行う．また，社会的に孤立している人の問題への対応という視点から，ホームレス状態にある人への支援に限らず，最近では不登校やひきこもりの子どもやその家族への支援も始めている．実践は，社会福祉制度のフレームを用いて行うものと，制度のフレーム外で行うものとがあり，スタッフも有給スタッフとボランティアによって支

表３－４　Ｃ氏の実践概要

活動開始	1988年
対象者	ホームレス，生活困窮者，身寄りのない高齢者，知的障害者，精神疾患がある人，不登校やひきこもりの子どもとその家族など
スタッフ	（有給）97名，（ボランティア）のべ約200名
財政規模	467,677,241円（2016年度経常収益）
実践内容	炊き出し，夜回り，巡回相談事業，自立支援住宅（地域生活へ向けて半年間生活のサポートを行う），多機能型事業所（就労支援施設Ｂ型），ひきこもりや不登校の状態にある若者や家族への支援・居場所づくり，自立相談支援事業，就労準備支援事業，更生保護事業（地域生活定借支援事業）

（出典）団体ホームページ[13]，事業報告書およびＣ氏へのインタビューをもとに筆者作成．

えられている．

②実践者の属性や経験，実践方法（目標・対象者・内容など）についての概略

認定特定非営利活動法人Ｈは，おもにホームレスや生活困窮者支援を行なう団体である．理事長のＣ氏は，学生時代に釜ヶ崎でアルバイトをしていた際，野宿をしている人びとに出会い「こんな生活をしている人がいるのか」とその実態に衝撃を受けたことが実践の原点にあるという．大学を卒業後，Ｃ氏は北九州市で牧師になり，そこから本格的にホームレス支援をはじめることとなる（2015年３月７日筆者インタビューより）．

Ｃ氏は，ホームレス状態にある人について，「誰も好き好んで野宿をしているわけではない」（2015年３月５日筆者インタビューより）という．厚生労働省が，2016年に実施した「ホームレスの実態に関する全国調査（生活実態調査）[14]」によると，野宿をしている人のうち，半数以上がなんらかの形で自立をしたいと考えている．しかし，ひとたび路上に転落すれば，そこは底なし沼で，仕事探しも難しく，自力で這い上がるのは極めて困難である．国や行政も対策に乗り出してはいるが，根本的な解決には至っていないのが現状である．このような状況のなか，Ｃ氏は「住む家のない状態はハウスレスであり，つながりが失われているのがホームレス．どん底にあるホームレスの人びととは，絆を失った人」であり，住む家がなく，かつ，つながりが失われているという二つの困窮を抱えた人がホームレス状態にあるとする（2009年３月５日放送ドキュメンタリー

映像より）.

認定特定非営利活動法人Hの実践は，ホームレスの人たちを支える炊き出しや，夜回り，巡回相談などからスタートした．C氏は多くのホームレスとの関わりのなかから，問題の根深さや複雑さに気づいたという（2015年3月7日筆者インタビューより）．そして，このような困難を抱える人たちに対して，問題の解決策は単純でないことを実感し，行政と連携しつつ，いくつかの制度的枠組みも利用しながら，実践を広げている．ホームレスの人たちのなかには少なくない数の知的障害者や精神疾患を患っている人がいるが，その多くはこれまで適切な福祉サービスと結びつくことがなかった．そのことから，現在では，単にホームレスに住居や仕事を提供するだけではなく，生活を丸ごと支援するような仕組みや，貧困状態に陥ってしまう可能性のある若者や子どもたちに向けた支援にも活動を広げている（2015年3月7日筆者インタビューより）.

C氏の実践については，2009年3月5日にNHK「プロフェッショナル仕事の流儀絆（きずな）が，人を生かすから[15]」にてドキュメンタリー映像として放送されている.

③ 実践のスタイル

C氏は，主にボランティアのスタッフと一緒に夜回りや炊き出し，巡回生活相談を通して，ホームレスの人たちの声に耳を傾け，実態を把握している（2009年3月5日放送ドキュメンタリー映像より）．いわゆる，アウトリーチの手法を用いた実践のスタイルである.

また，先にも述べたとおり，ホームレスの人たちと関わる中で，近年では，彼らの抱えている問題の深さや，複雑さ，そしてホームレス状態にならざるを得なかったその背景を知り，単なるホームレスの人たちの抱えている目の前の問題を解決するための住居や仕事への支援だけにとどまるのではなく，障害者支援，貧困家庭への子どもの支援へと活動を展開している．つまり，問題を抱えている当事者，その家族，これまでの人生すべて丸ごと受け入れる実践スタイルである.

さらに，特徴的な実践スタイルとして，当事者同士の関わり合いをサポートする実践をあげることもできる．たとえば，ホームレス，障害者，ひきこもりの子どもなど，それぞれが抱える問題は異なっていたとしても，いずれの場面でも，当事者同士が自分のこれまでの人生や，これからの人生を語り合う場が設けられており，自らの思いを言語化したり，当事者同士がその思いを共感，共有したり，励まし合ったりするような実践が重要視されている（2015年３月７日筆者インタビューより）.

加えて，「人は出会いによって変わり，その日は突如としてやってくる．だからあきらめてはいけない．決して一筋縄ではいかないが，それでも，あなたのことを心配しているんですよと伝え続け，支え続ける」（2009年３月５日放送ドキュメンタリー映像より）と語るように，どんな場面でも当事者と一緒にいて，ともに考え，たとえ当事者らの選択が失敗であったとしても，その失敗にもとことん付き合うという実践スタイルを特徴とする.

④ 特徴的なエピソード

2009年３月５日に放送されたドキュメンタリー映像では，元ホームレスの男性Ｆさんとｃ氏との関わりが紹介されている．以下，番組の内容をもとにＦさんとのエピソードについて整理する．10年をも超える間，路上での生活を送っていたＦさんは，「Ｃ氏との出会いがなかったら間違いなくいまの自分はない」という．長い路上生活は深く人の心を蝕むが，Ｆさんも例外ではなく，Ｃ氏と出会った当初，家族を捨てた自分，ホームレスだった自分を責めつづけていた．Ｃ氏は，「元ホームレスの人たちの心の傷に向き合うことが自分の最も大事な仕事」といい，「そんなに自分を卑下せんでもいいんじゃないかな」とＦさんに声をかけ続けていた．あるときＣ氏は，自分を責め続けるＦさんに家族に宛てた手紙を書くことを提案する．それは，手紙を書くことで，Ｆさんが自分を見つめ直し，気持ちを整理できるのではないかと考えたからだったという．Ｃ氏に促され，Ｆさんは家族への謝罪の言葉，自立を目指す自分の近況を手紙にしたためた．Ｆさんに手紙を書くことを提案したＣ氏には，このことがいい結果を生み出すという確信があったわけではないと番組のなかで語っている．しかし，Ｆさんに家族への手紙を書くことを提案した．なぜなら，ホームレスの人たちに寄り添い続けるＣ氏には，「ホームレスの『ホーム』になる」という覚悟があるからで，「いい面に出ても，悪い面に出ても，一緒に待つし，一緒に反省するし，一緒に悩むし，一緒に泣く．つまり『ホーム』っていうのはそういうこと」だという（2009年3月5日放送ドキュメンタリー映像より）．

うまくいくことが確信できてから一歩踏み出していては，いつまでたっても野宿状態にある人は一歩を踏み出せない．たとえ選択が失敗になったとしても，ホームレスの人たちの「ホーム」として，一緒に待って，一緒に反省して，一緒に悩んで，一緒に泣くという行為を通じて当事者を支えようとするC氏の実践を特徴づけるエピソードであると考える．

もう一つ，C氏が実践の中で大切にしているのが「人はいつか変わる，を信じる」ということであるという（2009年3月5日放送ドキュメンタリー映像より）．これも，先のドキュメンタリー番組のなかで紹介されていた実践であるが，夜回りをするなかで知り合ったGさんに，C氏は7年間声をかけ続けていた．路上生活を続けるGさんに何度声をかけても，「もういいです」「ほっといてください」「今年の冬には私はもういませんから」とGさんは答え続けていた．しかし，ある日，突如として「アパートに入ります」という返事がGさんから返ってきた．なぜ，急にGさんの返答が変わったのかその理由はわからないとC氏は映像のなかで語っているが，アパートで生活をするようになって少しずつ周囲の人ともコミュニケーションを取り始めたGさんは，路上にいた頃とはうって変わって優しい笑顔を見せるようになっていた．その後，病に侵されていたGさんは，「C先生ありがとう」と最後の力を振り絞ってメモを残し，息を引き取ったという．Gさんとの関わりを通じて，「かつて支援を拒み続けていた男性が，心の先ではつながりを求めていたことを実感した」とC氏は振り返る（2009年3月5日放送ドキュメンタリー映像より）．

⑤ 今後の展開や課題

C氏は，社会保障の本質を「従来家族が担ってきた役割を社会化すること」（NPO法人抱樸，2018：13）と述べる．つまり，現代の日本社会は，家族だけでは面倒をみられないというのが現実で，だからこそ，従来家族が何とかしてきた事柄を社会のなかで仕組みにしていくことが必要であり，それが社会保障の本質であるというのだ．C氏の取り組む実践は，「家族機能を社会化しようとしたものであり,「再分配」に基づくお金のシステムではなく，赤の他人がどれだけ関わることができるかという，実にアナログなことでカバーしようとした挑戦」(同上) であり，なかなかうまくはいかないことも多いが，今日の社会においてこの社会保障への挑戦を続ける意義は大きいとも述べている (NPO 法人抱樸，2018).

このように社会の仕組みを変えていくことへの挑戦を続けるC氏であるが，実践を展開するなかで今直面しているのが，C氏のこのような理念や支援スタイルをどう他のスタッフに継承していくかということだという (2015年3月7日筆者インタビューより). ボランティア活動として始まった抱樸の実践が，さまざまな形で拡大していくことで，支援を必要とする人のもとへ届けられることは質，量ともに増えたが，スタッフが増えることで実践に対する温度差がないわけではないという．C氏は,「これまでスタッフに対して当たり前のようにボランティア活動への参加を呼びかけてきた．これは職員に対しても失礼であるが，同時に主体的に関わってくださっているボランティアの方々に失礼であった．今後は，職員に対しボランティアの強制は行わない．自主的に参加するボランティアを募る」(2016年度活動方針) としてこれまでの活動のあり方を見直し,「自分たちの実践とはなにか」「ボランティアとは何か」を改めて問う日々であるという.

(事例4) 貧困家庭への支援の事例

①概　　要 (表3-5)

D氏は，1970年に学童保育として実践を始める．活動開始のきっかけは，D氏が教会の活動を通じて，西成に暮らす子どもたちと出会ったことであった．子どもが子どもらしく生きることを著しく侵害されている状況に対して実践を展開している．40年以上実践を継続するなかで，必要とされる支援の形も変化し，当初は子どもの遊び場としての学童保育という活動だったものが，現在では，一時保護や里親など，子どもとその家族が抱える一つひとつの問題状況に対応する形で実践内容を拡大させている.

②実践者の属性や経験，実践方法 (目標・対象者・内容など) についての概略

表3－5　D氏の実践概要

活動開始	1970年
対 象 者	こどもの権利を侵害されている子どもたちとその家族
スタッフ	12名
財政規模	48,185,736円
実践内容	誰でも利用できる場，遊び場・休息の場，学習の場（学習会，子ども夜回り，こどもたちのセルフケア（エンパワメントの会）），集いの広場，相談の場（生活相談，緊急避難一時宿泊，里親委託，ファミリーホーム），暮らしの場・助け合い生きていける場（自立援助ホーム）

（出典）団体ホームページ[16]，事業報告書およびD氏へのインタビューをもとに筆者作成．

D氏は，大阪市西成区で40年以上貧困状態にある子どもやその家族たちの支援を行っている．実践は，学童保育としての子どもの遊びの場の活動から始まり，学童にやってくる子どもや，親たちから出される生活の中でのSOSに対応しているうちに生活相談の場になり，そこから緊急一時保護の活動が始まり，緊急保護が長くなった時には社会的養護という形で里親になって一緒に暮らすという形で実践が広がってきた．そして，近年では，子どもの貧困問題が社会問題として広く認識されるようになるにつれて，実践は団体の中だけにとどまらず，「あいりん子ども連絡会」「わが町にしなり子育てネット」という住民を巻き込んだ形での虐待防止活動，地域でのネットワークとしての広がりをみせている（2018年4月29日筆者インタビューより）．

理事長を務めるD氏は，実践を始めた理由を，大学卒業後に教会の青年会の活動を通して釜ヶ崎の子どもたちと出会ったことだという．D氏は子どもたちに勉強を教える中，子どもたちの目がとても輝いていたことにカルチャーショックを受け，そこから40年以上釜ヶ崎で実践を続けることになる（2018年4月29日筆者インタビューより）．実践を始めた当時，釜ヶ崎には，4万人の労働者がおり，昼夜を問わず働き，昼間はそこら中で円陣を組んで酒盛りをしていた．その労働者たちの間をぬって子どもたちが遊んでいるところに，D氏は出かけていき，「子どもたちだけが遊ぶ場所だよ，と声をかけたら子どもたちが来てくれた」（2018年4月29日筆者インタビューより）という．

D氏によると，当時の釜ヶ崎には子どもたちの遊ぶ場所というものはなく，いわゆる大人の社会の中で子どもたちは生活を余儀なくされていた．そのような状況のなかで,「誰が来てもいい場所」といって活動を続け,そこには乳幼児から,小学生,中高生がやってくる.その「誰が来てもいい場所」という活動のスタイルは40年間変わらない.「15歳で出会った人は55歳になり,今ではその二世,三世が来て,切れ目のない支援になっていると思う」(2018年4月29日筆者インタビューより)という.

③ 実践のスタイル

特徴的な実践スタイルとして,「子ども会議」の実施を挙げることができる.これは,子どもたちとスタッフで1カ月の振り返りをし,次の1カ月の目標や,希望を共有する場として開催されるものである.D氏のもとを訪れる子どもたちは,家族との関係や学校でのいじめなど,何かしらの問題や傷ついた経験を持っている.月1回セルフケアの会として「エンパワメントの会」と「男の子語ろう会」を開催し,会を通して自らの思いを言語化,客観視する力を子どもたち一人ひとりが身につける活動に取り組んでいる(2016年度事業報告書より).

もう一つ,D氏の実践スタイルとして特徴的なことは,常に実践を通して,実践の中から生まれてくる新たな問題に対応する形で,次の実践が展開されていくということである.事業概要で述べたように,学童に通ってくる子どもたちと接している中で,虐待の問題に触れ,そこから緊急一時保護,社会的養護,地域でのネットワークづくりと実践が展開している.そして,事業が展開していく過程では,独自に事業を展開させるだけではなく,行政から事業を委託するという形で制度としての根拠のある取り組みをうまく従来の実践に取り込んでいる.

④ 特徴的なエピソード

子どもたちは,いつの時代も「与えられた生活の中で,一生懸命生きてきた」(2018年7月11日筆者インタビューより)と言って二人の小学生とのエピソードを語ってくれた.

小学校3年生のHちゃんは,毎日,友だちと一緒にD氏のもとにやってきて宿題をやっていた.ある年,D氏は小学校の運動会を見に行ったが,そこにHちゃんの姿はなかったという.釜ヶ崎に暮らす子どもたちは,運動会や遠足といった学校行事になると，弁当を親に頼めないことが理由で，朝，急にお腹が痛くなったりして学校を休むことがある．Hちゃんの場合もそうなのかな，と思いそのまま運動会を見ていたら，いつもHちゃんと一緒にD氏のもとにやってきていた友だちの母親が「Hちゃん学校に行ってないんだよ」と教えてくれたという．実は，Hちゃんは出生届が提出されておらず，戸籍がなかったのだ．

また，小学校5年生の少女IちゃんとD氏とのエピソードも印象深い．子どもたちは思春期になると色々な行動を起こすが，たとえば，家出もその一つである．Iちゃんは，いつも友だち五〜六人を引き連れて家出をしていた．その度に，D氏は家出した子らを探しに行き，家に連れ帰る．ところが，また2週間ぐらいするとIちゃんは家出をし，D氏に連れ戻される，ということを繰り返していた．小学校卒業と同時に，IちゃんはD氏のもとを訪ねてこなくなり，姿を見かけなくなった．その後，5年ほどして，Iちゃんがやってきて，実は父親から性虐待を受けていたこと，一人で家出をさせるわけにはいかない，といつも友だちが付いてきてくれていたこと，を話したという．D氏はその時のことを「私はなんということをしていたんだ．Iちゃんはずっと，「助けてほしい」と訴えていたのに，そのことに気づかず，そればかりか，虐待の加害者の元に返していたとは……」と今でも悔やみ続けているという（2018年7月11日筆者インタビューより）．

⑤ 今後の展開や課題

大阪市西成区釜ヶ崎は，ドヤ街があり，日雇い労働者らの街として知られる．日雇いや非正規雇用といった不安定な雇用状況から，貧困の町でもある．子どもの七人に一人が貧困な状況にあるという統計もあるが，子どもの貧困は，実は親や家族の貧困であり，関係の貧困でもある．2007年に国連総会の出した「子どもの権利条約」は，子どもの権利について，生きる権利，差別の禁止，安心・安全である権利，守られる権利の四つを明示する．このどれか一つでも守られていなかったらその子どもは貧困であるとD氏はいい，いまこの権利が著しく侵害されている状況にあるという（2018年7月11日筆者インタビューより）．子どもたちの将来は，生まれ育った環境によって左右されることのないよう，必要な環境整備と教育の機会均等がはかられなければならない．ところが，「残念ながら，今でも同和地区や釜ヶ崎や難民の子どもたち，障害をもっている子どもたちは環境に左右されています．子どもはありのままの自分でいて，休息して自分を取り戻すこと，自由に遊んで活動して，安心して人間関係をつくる権利があります．町自体が子どもの居場所になっていかないとダメです」(2018年7月11日筆者インタビューより)．

だからこそ，D氏は，目の前にいる人の課題に向き合い，いまそこで必要とされていることに一つひとつ対応しようとする．それは，制度があるとか，ないとか，社会的に合意が取られている課題であるか，そうでないか，そういうことが問題となるのではない．「そこに問題を抱えた人がいるから．それで，気づいたら50年が経っていた」(2018年4月29日筆者インタビューより)，D氏のこの言葉に尽きるのではないだろうか．

(事例5) 家族介護者支援の事例

① 概　　要 (表3-6)

社団法人Nは，1980年に地域医療に携わる医師と，認知症の人の家族介護者らによって，介護する家族を支えることを目的に京都で結成された．現在，全国47都道府県に支部をおき，会員は，2016年度末時点で11,470名である．その内訳は，認知症の介護家族を始め，医療・福祉・保健・行政関係者・研究者など多様である．実践は，各支部での集い，介護者による電話相談，情報発信を目的として会報の発行を3本柱に取り組まれており，超高齢社会における全国的な実践として拡大している (団体ホームページより)．

② 実践者の属性や経験，実践方法 (目標・対象者・内容など) についての概略

社団法人Nは，「当事者の視点」からそれぞれの専門性や経験を生かし，認知症に関する問題について取り組み，社会への働きかけを行っているセルフヘルプグループ[17)]である．

活動は，本部と支部の二つの体制で行われる．活動内容は，①集い，②電話相談，③電会報の発行の三本柱を中心に，認知症への理解を深める啓発活動や，行政への要望，提言などにも取り組んでいる．認知症に関する調査研究を行い，

表3-6　社団法人N概要

活動開始	1980年
対象者	家族介護者，介護を必要とする人
スタッフ	11,470名（会員数），17名（理事）
財政規模	48,185,736円
実践内容	各支部での集い，介護者による電話相談，会報の発行

（出典）団体ホームページ[18]や事業報告書をもとに筆者作成.

認知症になっても安心して地域で暮らせるように，啓蒙・啓発活動，社会資源開発などを積極的に行なっている．署名活動や，陳情活動などを通じて，介護保険制度等の制度改正にも影響を与えている．

社団法人Nは実践を始めて40年近くになるが，安定的に組織を拡大してきている．たとえば，コールセンター事業の委託を受け経済基盤を整えたり，安定的に会員数を増加させたり，自分の家族を看取った人が現役で家族を介護する人の支援へとその役割を変えていったり，組織内での世代交代を行なったりして実践を展開している．

③ 実践のスタイル

実践は，②で述べたように，「集いの場づくり」「電話相談」「会報の発行」の三つを柱として取り組まれている．とくに特徴的な実践として，「電話相談」をあげることができる．電話相談は，家族の介護経験をもつ当事者が，時間をかけて現在家族を介護している人の話を聞くもので，土日祝を除く毎日1日5時間，研修を受けた介護経験者である会員が交代で事務局にて相談を受け付けている．相談の対象は，会員には限られない．電話相談については，厚労省も「介護で悩み，疲れているご家族の下支えになるとともに，相談をきっかけとしてさまざまな交流が生まれ，「心も体も元気になった．自分ばかりでなく認知症の本人も元気になった」，「色々な悩みを持った人と出会え，自分だけはないと思えるようになった」といった声が寄せられるなど，その効果は非常に高く評価されている」と電話相談の効果について述べている．さらに，厚労省の「認知症と医療の質を高める緊急プロジェクト」においてにおいても認知症コールセンターの事業の重要性が提言されている．

④ 今後の展開や課題

社団法人Nの実践はこれからが難しいという（髙見・天田，2015：75）．これまで「追い風」だった認知症をとりまくさまざまなことが，ここからは「向かい風」になるのではないか，というのである．それは，たとえば，2014年の介護保険改正をめぐる社団法人Nの態度に現れているという．たとえば，オレンジプラン[19]を一つ取り上げてみると，「向かい風」となる実践のありようが見えてくると天田（2015）は述べる．つまり，こういうことである．オレンジプランは，制度そのものの設計は国が行うが，それを実行していくのは自治体の仕事となる．そうすると，社団法人Nは「国」と「自治体」の双方に向かって声を上げる必要がでてくる．つまり，法人全体として国に提言することと，各支部がその責任において自治体に声を上げていくのを支援するという二重の戦略が必要になるのである．しかし，各支部が自治体に対して運動していくほど成熟したかというと，そうではない．支部によって実践や運動体として到達度には地域間格差があるのが事実である．たとえば，2013年に「京都式オレンジプラン[20]」が策定されたが，そのことについて天田は「京都だったから可能であった」としたうえで，これから，家族の会やその他が脆弱なところでは地方オレンジプランがなかなかうまく形にならない，地域間格差・自治体間格差が大きくなっていかざるを得ないとする．しかし，オレンジプランを進めるうえでは，各支部が声を上げていくことが求められる．従来のように，家族の会は制度的なことは本部が対応し，具体的なことは生活の場で認知症の人本人や家族を支えている支部が対応するという形態ではやっていけなくなってくること，それが今後の課題であるという．

3．本章のまとめ

本章のまとめとして，実践事例として取り上げた五つの事例を前節（1.2）で提示した「福祉実践の四象限」にあてはめてその特徴を整理する．「福祉実践の四象限」とは，繰り返しになるが，実践が何らかの制度的背景（根拠法）に基づいて取り組まれているか否か，実践の担い手が専門職制度に裏付けられた専門家か否かを軸に分類したものである．この四象限に五つの事例を当てはめ

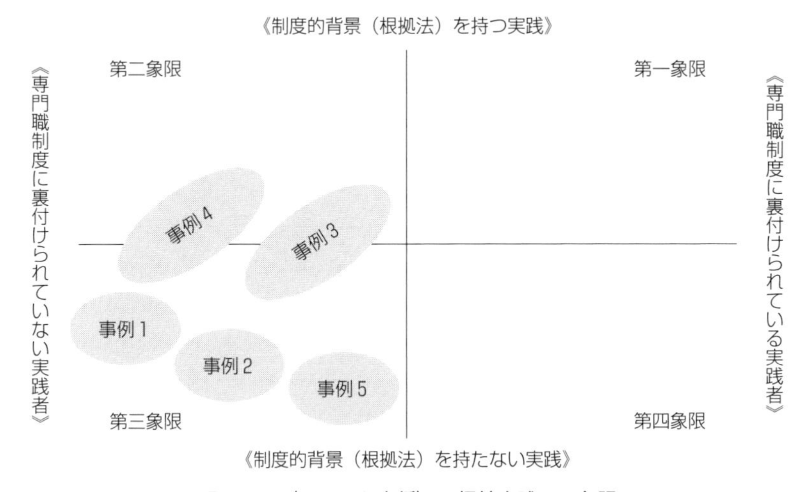

図3-4　〈よりそう支援〉と福祉実践の四象限

（出典）筆者作成.

てみると，**図3-4**のようになる．この図からわかるのは，本研究で取り上げた五つの「今日的な福祉問題」に取り組む〈よりそう支援〉の事例は，四つの象限のうち，とくに「第三象限」に特徴的に表れる実践ということである．以下，分析の結果をまとめる．

まず，「第三象限」に位置づけられる実践は，問題を抱えた人が存在し，その問題や人に対して何らかの対応が必要だと気づいた人（実践者）が始めた任意の活動である．第三者に指示や命令をされて始めた実践ではなく，自らや，家族が問題を抱える当事者であったり，仕事を通じて気づいた問題に対して，解決のために対応できる制度的な取り組みがなかったり，あったとしても不十分であったりしたことが，実践を始める動機となっている．つまり，「見るに見かねて」始まる実践である．ここでは，問題は存在し，たしかに対応が必要ではあるのだが，しかし，実践を推し進める上での制度的背景（根拠法）を持たない．さらに，「家族の問題である」とか「個人のキャラクターに起因して生じている問題ではないのか」との認識から社会的な合意が得られていない，つまり未だ社会化されていない問題を対象とするという特徴をもつ．他方，それらの問題に注目をし始める人は増えており，その活動領域は拡大している．

そして，「第三象限」に位置づけられる実践を担う者は，「第一象限」や「第二象限」の実践者のように体系づけられた教育カリキュラムに基づいて生活問題や社会問題についての解決の方法について技術や知識を習得しているわけではない．しかし，たとえば，家族を介護したという経験から得られる知＝経験知を有する．この経験知ということについては，たとえば，認知症の人と家族の会の元代表である高見国生は，「私は，『家族の先生は家族』だと言っている」（高見，2008）と表現し，自身が活動に関わる「認知症の人と家族の会」の京都府支部のつどいに精神科医を招いて学習会をした時のことを例に挙げて次のように述べる．その学習会では，講師の医師は，黒板に脳の絵を書き認知症について医学的説明を行った．講義の後の質疑応答の場面で，ある家族の「うちのおばあちゃん，片付けても片付けても傘を玄関に持ってゆくんです．もう，いらいらしてしまって……．先生，どうしたら止められるんでしょうか」という質問が出たが，その医師は「うーん」と言ったきり黙ってしまい，返答できなくなってしまったという．その時，長く家族の介護に関わるベテラン家族介護者がすかさず「傘なんかどこにあってもよろしいやんか．気にせず放っておいたらよろしいわ．別に危険があるわけでもないし」と答え，質問者はじめその会場にいた一同から「なるほど，確かにそうだ」と納得の声があげられたという．これが「家族の知恵，家族の力」であると高見は言う．つまり，ここでは，教科書的な医学知識や介護論だけでは家族の介護の問題を抱える家族介護者らを支援することはできなかったその一方で，素人である家族介護者の知恵である経験知が困りごとを抱えた別の家族介護者の状況を解決したのである．

このように，この「第三象限」を担う実践者は，従来私たちが認識してきた「専門家」が行ってきた既存の知識や技術を適用させて問題解決を図ろうとする方法ではなく，問題を抱える人びとがおかれているのは，「不確実」で「不安定」で「価値の葛藤をはらむ状況」であるとその問題をまず捉え直した上で，状況や人との対話を通じて，既往のものではない新しい知を再構築しながら実践に取り組む特徴を有するものであった．

社会福祉の公的な支援は，真田是が，社会福祉の対象の二重構造としてその特徴を捉えたように，高齢者や障害者，児童，貧困家庭などその対象者ごと，領域ごとに根拠法に基づいてサービスが提供される．分野は細分化し，そして専門分化する．しかしながら，実際の生活は，一つの問題がいくつもの分野にまたがることも多く，制度のはざまに落ちてしまい，見過ごされている人も少なくない．この状況は，本書で分析対象とした制度的背景をもたない任意な活動が注目を集める要因の一つと捉えることができるのではないだろうか．

このような〈よりそう支援〉の実践の実態を踏まえたうえで，第４章ではショーンの提示する省察的実践者像と照らし合わせながら，さらに〈よりそう支援〉の特徴ついて分析を進めていく．

注

1）石倉（2002）はこの三つの要素について，「対象」を社会的な対応を必要とする社会問題，「運動」を社会問題への対応を国・地方自治体に求める当事者・市民・事業者の社会福祉運動および民主主義運動の力とし，「政策主体」は運動によって提起された問題に対して支配と統治の観点から切り取り制度化することによって現実の社会福祉制度・政策が成立すると捉えられると真田の三元構造論を整理する．

2）番組では，Ａ氏の実践は福祉分野の最先端アプローチとして紹介され，学校になじめないこどもや職場の人間関係に悩む大人，病気を抱え生活保護を受給しながら生活する女性など，コミュニティハウスに集う老若男女さまざまな人びとと，Ａ氏のやりとりが中心に描かれている．番組のなかでＡ氏が福祉専門職らに対して講演を行う場面があるが，そこに参加した専門職や福祉研究者らは，福祉専門職らが取り組みたいと思っていても制度を始めとするさまざまな制約の中で，実際には取り組むことが難しい支援をＡ氏は可能にしている点が，多くの福祉関係者からの関心を集める点であると語っている．番組ホームページ https://www.nhk.or.jp/docudocu/program/20/2259581/index.html（最終閲覧日：2019年５月19日）．

3）https://hitonoma.net/（最終閲覧日：2019年５月19日）．

4）ただし，ひきこもりの子どもを持つ家庭への訪問や，Ａ氏が経営する学習塾での学習支援を受ける場合は，別途費用が必要となる．また，１日ごとに利用料を支払う方法に合わせて，最近では月会員制度（月会費3,000円）も始めている．

5）筆者はＡ氏へのインタビューを京都市内で行ったが，当日，高岡市のコミュニティハウスＨは通常通りオープンしており，いつも通り数名の若者が場を利用していたという．

6）Ａ氏はインタビューの際，近隣住民との関係について，「近所の人たちとすごく仲がいい．こういう活動をやっていると近所の人との課題ってよく言われるけど，課題って感じたことがない」「近所からのクレームがないわけではないけど，『困ります！』というよりも『気をつけといてねー』ぐらいの軽い感じ」と述べている．

7）たとえば最近では，A 氏が行政のいくつかの課に声をかけ，ケース会議を開いたりもしている．

8）できるだけ多くの保護者が参加できるよう，親の会は月によって休日と平日，交互に開催されている．

9）実際，ドキュメンタリー番組のなかで，土日だったために役所で施設入所の対応ができなかったDV 被害者の女性の一時的な受け入れを行政職員がA 氏に依頼しにくる場面が紹介されている．

10）保護司は，保護司法，更生保護法に基づき，国家公務員である保護観察官と相談しながら，法に触れる行為をしてしまった子どもたちの更生を支援する．法務大臣から委嘱を受けた非常勤の一般職国家公務員で，子どもたちと定期的に会い，交友関係や生活態度，家庭環境など非行につながりそうなことについて把握した上で，指導したり，相談にのったりする．他国にはあまり例を見ない，日本独自の更生保護システムである．

11）https://tabetekataroukai.wordpress.com/（最終閲覧日：2019年５月19日）．

12）番組では，元保護司のB 氏の実践を８年にわたって追い続け，紹介している．刑法犯罪で検挙される少年・少女のうち再犯者の割合は18年連続で増加しているが，その背景には格差の拡大や深刻化する貧困があるという．このような状況のなか，貧しさのあまり家で食事をとれない少年や，母親から虐待を受け続ける少女など，番組で紹介される子どもたちの状況は絶望的なものであるのだが，B 氏との食事を通じた交流のなかで子どもたちは自ら立ち直りの機会を見出していく．番組は，B 氏の実践を紹介するとともに，B 氏のもとにやってくる少年・少女やその親たちへのインタビューも行い，生きづらさをかかえ支援を必要とする人たちにとってのB 氏の存在や実践についても視聴者に問題を提起するものであった．番組ホームページ https://www6.nhk.or.jp/special/detail/index.html?aid=20170107（最終閲覧日：2019年５月19日）．

13）http://www.houboku.net/（最終閲覧日：2019年５月19日）．

14）厚生労働省「ホームレスの実態に関する全国調査（生活実態調査）の調査結果」https://www.mhlw.go.jp/file/04-Houdouhappyou-12003000-Shakaiengokyoku-Shakai-Chiikifukushika/02_homeless28_kekkasyousai.pdf（最終閲覧日：2019年５月21日）．

15）番組では，社会復帰の意欲があっても，自力ではい上がるのが難しい状況にあるホームレスの人びとを，単に衣食住を失っただけではなく，家族などの人間関係，「絆（きずな）」をも失った人びとだととらえ実践を行うC 氏を紹介している．番組ホームページ https://www.nhk.or.jp/professional/2009/0310/index.html（最終閲覧日：2019年５月19日）．

16）https://www.eonet.ne.jp/~kodomonosato/（最終閲覧日：2019年５月19日）．

17）　セルフヘルプグループの知識について，Borkman（19776）は，組織化された経験的知識（Organized experiential knowledge）であって，個人的に・個別的に交換される経験的知識とは異なるとする．したがって，セルフヘルプグループは，けっして「素人の良さ」を生かした「素人肯定論」でも「素人見直し論」でもない．

18）　http://www.alzheimer.or.jp/（最終閲覧日：2019年５月19日）．

19）　2012年９月に厚生労働省によって公表された「認知症施策推進５カ年計画」のこと．「認知症の人の意思が尊重され，できる限り住み慣れた地域のよい環境で自分らしく暮らし続けることができる社会を実現する」ことが目的とされている．その後，2015年１月にオレンジプランを改正した「新オレンジプラン（認知症施策推進総合戦略)」が策定され，高齢社会を見すえた認知症施策がすすめられている．

20）　京都式オレンジプランは，医療・介護・福祉等関係機関が連携し，認知症の早期発見・早期対応，認知症ケアの充実や家族支援など，関係機関・団体等の役割の明確化を図るとともに，府民，関係団体，行政，事業所それぞれの行動指針として2013年９月に京都地域包括ケア推進機構・認知症総合対策推進プロジェクトが策定した．

第 4 章

省察的実践と〈よりそう支援〉

ここまでみてきたように,「今日的な福祉問題」に対応するための実践があらゆる領域で登場している. これらの実践は人びとや社会からの要請に応える形で登場しており, 従来であれば, 対応できずに, 福祉政策の対象となることもなく, 見過ごされていたような問題にも対応が可能になっている. 第3章では, このような問題に対応する実践家の実践スタイルを整理したが, それでは, これらの実践スタイルをショーンの「省察的実践者」という専門家像を手がかりに分析すると, どのような特徴を有していることがわかるだろうか.

本章では,「今日的な福祉問題」に取り組む実践家らが取り組む実践を〈よりそう支援〉と位置づけ, その構造を明らかにするために, 省察的実践の概念である「状況との省察的な対話」「行為の中の省察」「行為についての省察」に照らし合わせて実践家らの支援の行為についてさらに分析を進めていきたい.

1. 省察的実践の特性

1.1. 省察的実践者の提起の背景

省察的実践者とは, ショーンが1983年に出版した著書『The Reflective Practitioner: How professionals Think in Action』において提起した専門家像のことである. ところで, なぜ, ショーンは, 省察的実践者という専門家像を提起したのだろうか. 本節では, その背景要因をまとめる.

社会福祉の実践家については, 医師や弁護士などと比べると厳密性を欠いているといわれ, そのために専門職として認識されなかった時代が長く続いていた. それは, 社会福祉が「生活」という, あいまいで不確実性が高く, 価値の葛藤をはらむ問題に対応しようとする実践であることに起因するものである. ショーンによると, ネイザン・グレイザー (Nathan Glazer) は, 洗練された

「技術的合理性」に符合するかどうかという観点から，専門職を「メジャーな専門職」と「マイナーな専門職」に区別する．メジャーな専門職は，「健康，訴訟の成功，利潤のように，人びとが納得するあいまいさのない目的に基づいており，安定した制度的背景の中で機能」(Schön, 1983a=2007：23) している．したがって，メジャーな専門職は，科学的知識が典型的に持っている体系的で基本的な知を基礎としており，「高度で，厳密な意味での技術的知識から成り立っており，その知識は，自らが提供する教育において，学問の基本となっている」(同上) とする．そしてメジャーな専門職として医師や弁護士を例にあげる．一方，社会福祉士や教師，建築家といったマイナーな専門職は，「変わりやすいあいまいな目的や，実践に関わる制度の不安定な状況に苦しみ，そのため体系的で科学的なプロフェッショナルの知の基礎を発展させることができない」(同上) とする．この背景には，科学的な知の基礎を発展させることは，安定した明確な目的に基づくものであるというグレイザーの主張があるからであり，したがって，マイナーな専門職は，「厳密性などは見るべくもなく，社会的地位において優位に立つ経済学や政治学などの学問手法によりかかっている」(同上) ために，プロフェッショナルの知を発展させることができないと指摘する．つまり，プロフェッショナルの実践は，一種の道具的な活動であり，目的にもっともふさわしい手段を提供することをめぐる蓄積された経験的知識であり，応用科学の目的が明確でなく不安定であるとすれば，プロフェッショナルは自らの土台を科学的に根拠づけることができるのだろうか，と問題を提起する．

専門家に対するこのような評価は，普遍性，論理性，客観性を特徴とする近代科学至上主義が科学を支配してきたことと大きく関わりがある．そして，このような，近代科学への懐疑を基盤に，専門家像のパラダイム転換を行ったのがショーンである．

ショーンが従来の専門職制度を批判し，新たな専門職像を提起した背景には，「1950年代から80年代に至るアメリカ社会における専門職の役割に対する社会的な信頼の急激な変化」(Schön, 1983a=2007：397) がある．当時，アメリカでは，マンハッタン・プロジェクト，宇宙開発競争に象徴されるような国家的な巨大科学プロジェクトによって科学技術を背景とするプロフェッショナルへの過大とも言える社会期待と信頼が生み出されていた．この動きと連動する形で，専門職を育てる大学院，アメリカ独自の高等教育の形であるプロフェッショナルスクールが急速に発展をしていく．このように，過大な期待と信頼に支えられた専門職とその土台となる科学と大学への期待は肥大化するが，一方，新しい社会システム的な構造に由来する複合的な問題に対して個別の基礎科学は解決する方法論を準備していなかった．たとえば，「スリーマイル島の原子力発電所の事故やベトナム戦争に象徴されるように，むしろ科学技術に依拠した専門職が主導する政策が巨大な社会的災いを引き起こす原因になっているのではないかという批判も強まっていく」（同上）ような状況であった．こうして，科学・技術・専門職，そしてその基盤としての大学が1960年代後半以降，むしろ社会問題の源泉として批判の対象とされたのである．

このような専門職をめぐる展開と批判に関わって，ショーンは二つの対照的な立場を論じている．一方は，「専門職制そのものを否定し市民自身による自立的自治的な社会問題の克服を目指す反専門職の立場」（Schön, 1983a=2007：398）であり，他方は，「新しい複雑な問題を責任の枠外に排除し安定した問題解決が可能な領域において専門職の地歩を確保しようとする立場」（同上）である．これに対して，ショーンが提示したのは，これらとは異なる第三の途を模索するものであった．つまり，ショーンは新しい複合的な社会問題に対して専門職として，その専門職教育に責任を持つ大学院としてどのように応えていくべきかに焦点を当て，そのあり方を解明しようとしたのである．そして，そこで求められる専門家は，「既存の科学と技術を適用して問題に解答を与える存在ではなく，複雑に入り組んだ状況の中で実践を通して問いを開き，探求・研究を進めていく「省察的実践者」である」（同上）とその専門家像を明らかにした．つまり，既存の知の「適用」から状況と実践の中での知の「生成・探究」への転換がショーンの議論の基軸であるといえよう．

ところで，ショーンは，近代科学を基盤とした専門家像を「技術的合理性モデル」と称し，このモデルの限界を示している．その限界とは，まず一つ目は，技術的合理性が，技術的な「問題の解決（problem solving）」ばかりを強調し，問題解決に必要な「問題の設定（problem setting）」を無視しているという点である．つまり，このモデルは，すでに定められた問題の解決策を模索するのが専門家であると捉えるため,「どのような解決がよいか,どんな目的を達成すべきであるかを定義し,選ぶべき手段は何かを決めるプロセスを無視する」(Schön, 1983a=2007:40).そのため,問題を明確にするという実践者の行為が抜け落ちてしまうという.しかし,現実世界に起こる諸問題は,所与のものとして実践者の目の前に現れるわけではなく,「私たちを当惑させ,手を焼かせ,不確実であるような問題状況から構築されている」(同上).したがって,実践者は,不確かな状況の中から注意をむける事柄を見極め,そもそも何が問題なのかを当事者と一緒に認識する,いわゆる「問題状況」を「問題」へと移し変えるプロセスを経て,初めて解決に向かって進むことができる.ショーンは,技術的合理性がこの点を見落としているところに大きな問題があると批判した.二つ目の限界は,技術的合理性モデルは,厳密性と適切性の間でジレンマを抱えるという点である.ショーンによると,技術的合理性モデルでは,専門的知識の厳密性を強調するがゆえに,そのカテゴリーに当てはまらない問題については意図的に避ける傾向がある.カテゴリーに当てはまらないものは,個人の問題,家族の問題とし,解決のために向き合う必要のある問題として認識せず,つまり,問題として存在しているにも関わらず,そのことを問題解決の対象から排除してしまうということである.

ショーンは,このような近代科学の技術的合理性モデルが有する問題点から,それに対置する省察的実践者という新しい専門家像を示した.そして,この専門家像を支えるのは,「状況との省察的な対話(conversation with action)」「行為の中の省察(reflection-in-action)」「行為についての省察(reflection-on-action)」の三つの概念であるとする.そして,「行為の中の省察というプロセス全体が,実践者が状況の持つ不確実性や不安定さ,独自性,状況における価値観の葛藤に対応する際に用いる〈わざ〉の中心部分を占めている」(Schön, 1983a=2007:51)として,省察することの重要性を述べる.さらに,多様で変化,変容する生活状況に対応する社会福祉などの専門家は,自身の実践活動を振り返ったり,実践を行いながら省察したりする実践的思考スタイルにこそ専門性があると指摘する.つまり,決められた問題解決策,規定された理論といったいわゆる技術的な厳密性によって問題解決をしようとする「高地」を選ぶ専門家像ではなく,泥沼の中のような,ぬかるんだ「低地」で,苦闘する人びとと連帯して省察的実践に取り組もうとする専門家像の提示である．

そして，省察的実践家モデルは福祉実践においてだけではなく，教師や看護師など多様な領域において，新たな専門家像として注目されるようになる．このような，技術的合理性モデルへの批判はショーン以外にも言及しており，共通しているのは，「専門的実践の中で解釈する力や洞察，クリティカルな省察の重要性」（Taylor, 2006 : 947）に目を向けたことである．

ショーンが技術的合理性モデルに対する懐疑から，新たな専門家像を模索したのは，プロフェッショナルの信頼に対する危機感という懸念があったからであり，その信頼の危機の中心には，専門知識への疑問があるとする．つまり，技術的合理性モデルが，専門的知識を厳密に定義づけようとし，そのプロセスにおいて実践者の実践のなかにある「わざ」を排除しているということにたいして警鐘を鳴らしたのである．このような背景をふまえた上で，加藤（2016）は，「省察的実践の特性を検討するにあたっては，その実践を構成する知識に対する認識を整理する必要がある」（加藤，2016 : 47）と述べ，マーガレット・イェロリー（Margaret Yelloly）[1]やジュリアン・ルフ（Gillian Ruch）[2]を引きながら（Yelloly & Henkel, 1995; Ruch, 2005），省察的実践は「厳密な理論だけではなく，多様な知識の存在に着目しており，実践や経験から得られた知識を重視している」（加藤，2016 : 47）とその特性を位置づける．

では，省察的実践が着目する多様な知識とはどのようなもので，実践の中でどう機能しているのであろうか．次項で整理する．

1.2. 省察的実践における「形式知」と「暗黙知」

これまで，福祉実践や社会福祉研究は，隣接する学問領域の理論にも依拠しながら独自の知識基盤の追求を試みることで，その科学的根拠を担保し，専門家としての地位確立を目指してきた．ショーンは，このとき追求された知識基盤について，「形式知」と「暗黙知」の二つを設定する．

「形式知」については，Eraut（1994）は命題知識（propositional knowledge），Taylor らは形式知（formal knowledge）として位置づける．Eraut は，この知識について，確立した科学的専門分野と関連付けられた確実性をもたらす，長期間の訓練が正当化されるほどに十分学問的である，他の職業と区別できるという特徴をもつとする（加藤，2016）．つまり，「形式知」とは，科学的に一般化され，普遍化された知識であるといえよう．

こうした「形式知」によって，科学的な知識体系の確立を目指す一方で，実践する専門職の個人的な知識を解明しようとする試みも見られるようになる．そこには，福祉実践が対応する複雑な状況や問題に，形式知だけでは対応できないという認識が広まってきたという状況がある．つまり，技術的合理性モデルが排除してきた，実践の複雑さや不確実性，不安定さに目を向けるようになったということである．

とくに，新たな知へのアプローチとしては，行動や経験を通して獲得される知識の重要性が認められた（Trevithick, 2008）．それは，マイケル・ポラニー（Michael Polanyi）によって提唱された暗黙知（tacit knowledge[3)]）のことで（Polanyi, 1996=2003），マイケル・エラウト（Micheal Eraut）は実践的知識（practical knowledge），ウィリアム・チュウ（William Chu）らは，実践の知恵（practice wisdom）と呼んだ（Eraut, 1994; Chu et al., 2008）．また，アンドリュー・ハリソン（Andrew Harrison）は，「ある人が知的に行動しているとき，彼は“自分の心を演じている”」とその状態を表現する．いずれも，実践者らが実践における直接的な経験から獲得する知識で，実践者の行為のなかに包含されるという特徴を持つ．形式知のように明確に規定はできないが，上述したようないくつもの領域における分析を通して，その存在が認められ，重要なものとしての認識がもたれるようになっている．

ここで，「形式知」と「暗黙知」の関係について一つ付け加えておくとするとするならば，ショーンの技術的合理性モデルに対する批判は，けっして理論や実践に含まれる形式知の否定ではないということである．つまり，ショーンの批判は，「理論や技術そのものに対する批判」ではなく，「状況によらず，理論や技術の厳密な適用を暗黙的・反復的に行う使用理論に対する批判」（三品，2012：85）であるということである．このことに関しては，Taylor らも，「形式知がすべてのことに答えを提供する限界を認め，ソーシャルワークの意思決定にみられる道徳的な特徴や議論の余地を認識するのであれば，エビデンスに特徴づけられる実践は好ましいものである」（Taylor ら，2006：495）と述べている．

こうした指摘を踏まえるとするならば，省察的実践とは，形式知と暗黙知のそれぞれの特性を理解した上で，それぞれが実践のなかにおいてどのように機能するのか，相互にどのように関係するのかを理解してはじめてその実態が明らかになるといえるのではないだろうか．

1.3. 省察的実践のプロセス

前項では，省察的実践者が登場した背景，省察的実践者の持つ知としての「形式知」と「暗黙知」について整理してきた．では，省察的実践という行為は，専門家が専門家であることをどのように支えるのだろうか．専門家は，省察的実践によってどう専門家として形づくられるのだろうか．省察的実践は，専門家を専門家たらしめることにどう影響するのだろう．以下，整理する．

ショーンは，省察的実践の特徴を「状況との省察的な対話」「行為の中の省察」「行為についての省察」とするが，この三つの概念は，それぞれどのような特徴を持ち，どのような関係にあるのだろう．このことについて三品（2017）は次のように説明する．それは，「行為の中の省察」は，暗黙的で身体化された活動と，自覚的で意識的な活動の両方を含むとし，とりわけ，暗黙的で身体化された活動は，意図的な思考に依拠せずに，状況と相互作用のなかで自然と生み出される専門家としての認識や判断，行為を指すとする．これは「必ずしも言語の媒介を必要とせず，行為者自身にとっては即興的で無自覚的なもの」（Schön, 1983a=2001：216）である．しかし，「行為の中の省察」を単に無意識の中にあらわれる判断や行為であるとすると，専門家は知識をどう積み重ね，どのようにして形式知と暗黙知を統合するのかということがわからない．そこで，「行為の中の省察」には，自らの行為に暗黙的に潜在している現象をとらえる際の理解についての省察も含むとされる．つまり，省察的実践では，判断や行為をしながら，その判断や行為を導いた要因についても絶えず省察しているというのである．これが，「行為の中の省察」の意識的な活動を示すものであり，「状況との省察的な対話」ということである．この「状況との省察的な対話」は，「関わっている状況と対話することによって次の活動がつくられていく」（Schön, 1983a=2001：216）プロセスである．ここでは，ある状況の中で関わる対象に対し，何らかの驚きや不確かさを感じるときに，その不確かさを解決すべく新たな状況を形作りながら，それを評価する探求が行われる．省察的実践は，「優れた専門家の実践の特徴であると同時に，より優れた専門家を育む実践の特徴でもある」（三品，2017：52）と言われるように，「行為の中の省察」の反復によって専門家らは多様で不確定な実践状況のなかで懸命な理解や判断，行為を行い，実践力を向上させていく．つまり，「行為の中の省察」を通して独自の状況における新たな知を構築する（Schön, 1983a=2007：68）のである．とくに，「状況との省察的な対話」というプロセスを経ることによって，それまでの経験や理論を踏まえつつ，状況の固有性に目を向けることとなり，状況の枠組みを再構築し，それに合せた手立てによって状況への新たな意味づけを行っていくことが可能となる（Schön, 1983a=2007：128-132）．このショーンの提示する省察的実践者の概念は，ジョン・デューイの「状況の中での探求と実験としての思考」という思想に強く影響を受けたものであるが，「行為の中の省察」「状況との省察的な対話」をショーンが独自に打ち出したことによってデューイの思想を発展させた「専門家の知」の認識論となっている（Schön, 1983a=2001）．

さらに，ショーンは，「状況との省察的な対話」「行為の中の省察」と同様に，行為後の意識的な省察である「行為についての省察」のプロセスも重視する．これは，「行為の中で瞬時に形成してきた理解の意味を問い，実践の構造や問題を捉える自らの『枠組み』（frame）を発見するとともに，それを捉えなおし「枠組みを組み替えていく」（reframing）機会」（Schön, 1983a=2001：217）と位置づける．また，日和（2015）は，「行為についての省察」を「振り返り」と説明し，「実践後に振り返ることで，実践の最中には意識しなかった視点や解決方法，実践における自分自身の傾向などに気づき，それらの気づきを次の実践に活かすことができる」（日和，2015）と述べ，「行為の中の省察」から得られた実践の意味づけは「行為についての省察」によって強化されるとする．とくに，「行為についての省察」は，実践者自身が実践を行っている最中の「行為の中の省察」とは異なり，実践から一歩離れた状況でより客観的に自らの行為について省察することが可能となる点に特徴があるとする．

このように，「状況との省察的な対話」「行為の中の省察」「行為についての省察」という三つの概念を有する省察的実践は，「評価，行為，再評価の各段階を通って螺旋的に」（Schön, 1983a＝2007：131）展開され，それは既存の形式知が状況に適合する形へと転換され，新たな知識が創造されるプロセスでもあると言えよう．

2．今日的な福祉実践からみえてきた省察的実践の特性

前節では，ショーンの省察的実践の概念である「状況との省察的な対話」「行為の中の省察」「行為についての省察」についてそのプロセスに着目して整理した．では，それぞれの概念は具体的にどのような行為として実践の中に表出することになるのだろうか．第3章で分析対象とした〈よりそう支援〉を，あらためて省察的実践の三つの概念を手がかりにして実践者の行為を捉えなおしてみたいと思う．

2.1. 状況との省察的な対話

「状況との省察的な対話」とは，「状況の固有性に目を向ける」プロセスである．ショーンは，専門的知識に対する信頼が危機の只中にある中で，専門家の直面する実践の状況を，「解決できる問題がそこにあるという状況ではなくなっている」(Schön, 1983a=2007：15) とし，「不確実性，不規則，不確定性により特徴づけられる問題状況」(同上) と捉えた．その上で，専門家の実践について，問題を解決することと同じぐらい，問題の設定 (problem setting) もまた専門家の実践であると認識した (Schön, 1983a=2007)．それは，専門家の技術的合理性が「どのような解決がよいか，どんな目的を達成すべきであるかを定義し，選ぶべき手段は何かと決めるプロセスを無視する」(Schön, 1983a=2007：40) ため，問題を明確にする行為が抜けおちるとその課題を述べ，その課題に対応しうる専門家像として省察的実践モデルを提起していることからもわかる．これらのことを踏まえると，「状況との省察的な対話」のプロセスは，何を今問題として捉えるのか，問題の所在はどこにあるのか，またそのような問題に気づくきっかけは何か，そもそもいまクライエントはどのような状況におかれているのかという支援を見据えて状況を把握し，問題設定するプロセスであるともいえよう．そして，このプロセスでの実践家の行為には，第3章で取り組んだ事例分析から見ると，「当事者のおかれている状況に対する驚き，疑問，憤り

といった感情が行動を起こす動機となる」「目の前の人と状況にただ対応する」「『相談』を主目的にせず，何気ない会話が交わされる」「対象を限定せず，誰もが集える場をつくる」といった特徴がある．

たとえば，C 氏は，学生時代に釜ヶ崎でアルバイトをしている時に野宿生活をする人びとに出会い，「こんな生活をしている人がいるのか」とその実態に衝撃を受けたという．また，なぜこの人たちがこのような生活を強いられるのか，そのことへの疑問や憤りも今につながる実践の原点になっているという（筆者インタビューより）．また，D 氏も C 氏と同様に，教会の青年会活動を通して出会った釜ヶ崎の子どもたちの目の輝きと，子どもたちの暮らしている環境とのギャップにカルチャーショックを受けたことが40年以上続いている実践の原点であると述べる（筆者インタビューより）．まさに，「当事者のおかれている状況に対する驚き，疑問，憤りといった感情が行動を起こす動機となる」状況である．

このような動機が実践の原点となり，実践家らは「目の前の人と状況にただ対応する」形で実践を続けていく．たとえば，A 氏は，ひきこもり状態にある子どもらとの関わりのきっかけについて，「母親との何気ない会話のなかで，『実はいま家族のなかで困っていることがあって』という話になり，『じゃぁ，今度ゆっくり話聞かせてよ』ということろから関わりが生まれる」と述べる．このとき，「母親には，将来的に学校に行かせたい，就職させたいといった子どもへの思いがあったかもしれないが，まずは『いま外に出られなくて困っている』という目の前の状況に対応することを心がけた」（筆者インタビューより）という．

また，C 氏は，炊き出しや夜回り，巡回相談といった実践の中で，多くのホームレス状態にある人と関わり，問題の根深さや複雑さに気づいたと述べる．そして，このような困難を抱える人たちに対して，問題の解決策は単純でないことを実感し，行政と連携しつつ，いくつかの制度的枠組みも利用しながら，実践を広げて現在に至る．ホームレスの人たちと関わる中で，彼らの抱えている問題の深さや，複雑さ，そしてホームレス状態にならざるを得なかったその背景を知る．そして，単なるホームレスの抱えている目の前の問題を解決するための住居や仕事への支援だけではなく，障害者支援，貧困家庭への子どもの支援へと活動を展開するとともに，問題を抱えている当事者，その家族，これまでの人生そのものを受け入れて実践を展開している．結果としてC氏の実践は広く展開されることになるのだが，あくまでもそれは目の前の人とその人のおかれている状況への対応の中から必要となった実践である．目の前の人と状況に対応するという行為そのものはブレることがない．

D氏は，40年以上貧困状態にある子どもやその家族たちの支援を行っているが，その実践の始まりは，子どもの遊び場としての学童保育であり，そこにやってくる子どもや親たちから出される生活の中でのSOSに対応しているうちに次第に生活相談の場になり，そこから緊急一時保護の活動が始まり，緊急保護が長くなった時には社会的養護という形で里親として一緒に暮らすという形で実践が広がっている．D氏の実践もC氏同様に，目の前の子どもとその家族に対応している中から必要に迫られた形で対応している結果としての実践の広がりである．D氏の実践の場合は，子どもたちの成長段階という状況に合わせて必要とされる対応方法が変わってきたとも捉えられるだろう．

いずれも，目の前の人がおかれている状況に対応する中から，さらに対応すべき問題が見えてきて，実践が広く展開されていく．実践が広がっている状況を考えると，先を見据えた実践でもあるのだが，実践の最中に見ているのは（対応しようとしているのは），あくまでも今の目の前の人であり，その人のおかれている状況である．このような「目の前の人と状況に対応する」行為の中では，「『相談』を主目的にせず，何気ない会話が交わされる」．また，「対象を限定せず，誰もが集える場をつくる」ということが取り組まれる．

たとえば，B氏の活動は，あくまでも主たる目的はお腹をすかせた子どもに食事を振る舞うことであり，相談できる場として自宅を解放しているわけではなく，「ご飯を食べに来ているうちに，自然と相談するようになり，子どもたちにとって“食事だけでなく相談することができる”かけがいのない“居場所”になっていく」（伊集院，2017：94）と述べられていることからもわかる．また，先にも述べたが，A氏はコミュニティスペースにやってくる子どもや親たちとの「何気ない会話」の中から，対応が必要とされていることを目の前にし，それが次の行動へとつながっている．その状況はD氏も同様であり，「遊び場」として場を開放することから人びとが集い，そこで交わされる中から対応が必要な実態を目の当たりにし，それが実践の展開につながっている．「集える場をつくる」という点においては，認知症の人やその家族への支援に取り組む事例5も当てはまる．いま家族を介護している人，かつて家族を介護していた人が集い，日々の介護生活の中での思いを語り合う場である．後にも述べるが，集いの場で当事者らの会話を通して自らの経験を言語化し，客観視していくプロセスは省察的実践の肝にもなっている．この点についてはのちに詳述したい．

このように，「状況との省察的な対話」は，目の前にいる人やその人が抱えている困りごと，置かれている困った状態に，具体的にどのような声をかけて，どのような方法でその状況を解消すればいいのか，そのことを考えて，やれることをやってきており，それが気づいたら何年も，何十年も続いていて，結果として実践スタイルとして構築されていた．したがって，実践を始めた当初から，目標が明確だったというよりは，「行き場のない人にとりあえず寝る場所を提供する」（A氏），「お腹を空かせている子どもにとりあえずご飯を食べさせる」（B氏），「遊び場のない子どもたちと一緒に遊べる場を作る」（D氏）という形で実践がはじまっている．そうして目の前のことに対応している中で，そのことだけに対処していては不十分だという認識から，さらに広く社会に訴えかけていく実践へとつながっていく．「活動をする上での今後の課題は特にない．ただ，ここにやってくる人を誰も拒まず，受け入れていくだけ」（A氏）という言葉も，目の前の「人」と，その人が抱えている問題の「状況」をみることが活動を継続，展開させていくことにつながっているということを象徴的に表す言葉だろう．

2.2. 行為の中の省察

「行為の中の省察」は，省察的実践の中心概念として捉えられるもので，実践のスタイルを示す．ショーンは「行為の中の省察」を，「状況と対象とのやりとり（ショーンのメタファーでは「会話（conversation）」）を通して既存のフレームを調整・展開し，新しい知を再構築していくプロセス」「暗黙の，あるいは神秘的な営みなどではなく，実践の中で仮想的に，また実際に行われている探求・施行・研究の積み重ねであること」（Schön, 1983a=2007：495）と特徴づける．

「歩きながら考える」「なすことによって学ぶ」というプロセスであり，「厄介で多様な実践状況に対応する実践者の技法（art）の中心となるもの」（Schön, 1983a=2007）と述べられるように「支援」そのものと捉えられる．

事例から見るこのプロセスは，その行為が誰によるものなのか，また，誰から誰に向けての行為なのかという視点で見ることができる．(1)実践家と当事者がともに取り組む行為（実践家＝当事者），(2)実践家から当事者へ向かう行為（実践家→当事者），(3)当事者から実践者へ向かう行為（当事者→実践者），(4)当事者同士の間で生じる行為（当事者→当事者）の四つに分類できる．それぞれ，具体的な行為をあげると，(1)では，「一緒に考える」「一緒に行動する」「一緒に可能性を探る」，(2)では「不安にさせない，孤立させない」，(3)では「当事者から学び続ける」，(4)では「当事者同士が語り合う」「言語化する」「共感しあう」「励ましあう」となる．

たとえば，A氏は，自ら開業した塾で勉強を教えるとともに，居場所を見つけられない子どもたちのよりどころを目指し，子どもたちの相談にもとことん付き合った．A氏は自らを「支援者」とは呼ばず，「なんの専門家でもない．特別な対人スキルを学んできたわけでもないし」（筆者インタビューより）といって，あくまでも自らを「友だち」「知り合い」として側にいる存在であるという．また，「いつか自分の元に来ればいいや，で終わっていては何の解決にもならない．だから，来れないんだったらこちらから出かけていく」（筆者インタビューより）が，その際「母親に，まず何で困っているのかを聞く．子どもが外に出られなくて困っているときけば，じゃぁ，自分には何ができるだろう？と考えてとりあえず家に行こうかと．どうすればその子どもに会うことができるかをあの手この手で母親と一緒に考える」と自らの行動を話す（筆者インタビューより）．ある時はひきこもり状態にある若者に付き添い，障害者雇用支援を行う窓口に出向くこともある．何の専門家でもない，ただそこにいて「一緒にやる」「一緒に考える」という実践のスタイルの特徴である．

これは，B氏にも共通する．B氏は，子どもたちやその家族に対して，自治体の支援センターや法律相談での支援が必要だと判断したとき，当事者だけで向かわせることはせず，一緒についていき，一緒に話を聞く．「同伴指導で一緒に行ったときは，連れていくだけじゃなく，その人の傍らに座って，一緒になって話を聞きます．この人が，行った先の人を信用してくれるまで，私がしっかりと関わるようにしています」（中本，2017：94）と本人を不安にさせない，少しでも孤独な気持ちにさせないように心がけていると述べる．命令や指導を一方的に伝えるのではなく，子どもたちのことを理解して共感することが何よりも大事だという．「しんどい荷物を一緒に持ってあげるような気持ちで．苦しいね，うちも一緒に苦しんであげる．（中略）そのかわり，その苦しみを早くのけるようにしようね．うちもがんばるけん，あんたもがんばってくれる？」（中本，2017：58）と伝えると，子どもたちは「がんばります」と返してくれるようになるのだという．

さらにC氏は「人は出会いによって変わり，その日は突如としてやってくる．だからあきらめてはいけない．決して一筋縄ではいかないが，それでも，あなたのことを心配しているんですよと伝え続け，支え続ける」（筆者インタビューより）といい，どんな場面でも一緒にいて，ともに考え，たとえ当事者らの選択が失敗であったとしても，とことん付き合うという実践スタイルをとる．C氏は，「うまくいくことが確信できてから一歩踏み出していては，いつまでたっても野宿状態にある人は一歩踏み出せない．だから，いい面に出ても，悪い面に出ても，一緒に待つし，一緒に反省するし，一緒に悩むし，一緒に泣く」（筆者インタビューより）という信念が自らの支援の前提でもあると述べる．最近の福祉の支援スタイルは「問題解決型支援」であり，たとえば困窮者支援の就労支援の場面では，仕事がない人を就職させてあげられなければその支援は失敗とみなされるとする．一方，自分たちの実践いつまでも一緒にスタイルをとるのだとその特徴を述べる．

三者には「こういう支援ができますよ」「今ある課題をこう解決して，こうなりましょう」と実践者の側が目の前の問題解決の方法を一方的に決めて，提示する実践ではないという共通点があることが分かる．あくまでも，問題を解決するために話を聞いたり，一緒に考えたり，場を提供しているのである．

また，B氏は自身のことを，「少年犯罪についても全くの素人です．福祉の勉強をしているわけでもない」（中本，2017：57）というように，保護司として活動を始めた当初は，保護司が何をするものなのかという知識も何もなかったという．しかし，「長年，37，8年とやってきた中で，子どもたちから教わり，保護者から教わり，というようにして少しずつ学び，今まで続いてこれました」（中本，2017：141）と子どもたちとの関わりのなかで自らの実践のスタイルを確立していったと述べる．先の項でも述べたが，いずれの実践も，活動を始める前から明確な目標や対象者，実践内容が設定されていたわけではない．たとえば，「そこに問題を抱えた人がいて，目の前の人に対応していたら50年が経っていた」（D氏）というように，その時その時の必要に応じて，対応をしていることが，振り返ってみると活動が拡大していたり，継続につながっていたりする．それは，他の実践も同様である．

さらに，いずれの実践者も，当事者と関わる過程で，福祉的なケアや，対人援助の知識や技術を習得している．たとえば，「自分は何の専門家でもない．特別なスキルや技術を学んだわけではない」（A氏），「少年非行に詳しいわけでもない．福祉を勉強してきたわけでもない」（B氏）というように，それぞれ，なんらかの専門性を持った資格を取得しているわけでも，高等教育機関等において体系的な専門職養成教育を受けたわけでもない．生活困窮者支援の研究を行う白波瀬は，「経験に裏打ちされた実践知が，生半可な専門知より有効な場合がある」（白波瀬，2017：118）として，実践知の有用性を述べるが，本研究で分析対象とした実践も，長年の経験を通して実践的な知識や技術を蓄積し，基盤にして実践に取り組んでいた．まさに，経験に裏打ちされた実践知による実践といえよう．また，いずれの実践も活動を継続するなかで，行政や社会福祉協議会の職員，学識者などとつながり，実践を展開している．つまり，実践者自身が形式知と実践知を活動のなかで習得していくこともあれば，さまざまな人や資源を外部から実践に巻き込むことによって，実践のなかに形式知と実践知を蓄積していくというパターンもあるということで，事例に取り上げた実践は，「内部における専門性の乏しさを地域の社会資源の活用で克服することが可能」（白波瀬，2017：119）な状態であった．たとえば，事例1では，実践のなかで行政職員と知り合い，お互いに困った事態が生じた際には連絡を取りあったり，地域ケア会議を合同で開催したりして対応できる問題の幅を拡大している．また，事例2でも，弁護士という法律の専門家が関わるようになり，子どもたちや家族が抱えている問題を法的に解決できるようにもなった．これも経験のなかから得た実践知に，専門職による形式知を合わせることによって，問題対応の幅を広げることが可能となったと捉えることができよう．つまり，実践者のなかにある「実践知」と，外部からの「形式知」を統合し，新たな「実践のなかからの知」を構築したということである．

他にも，当事者同士の関係性に基づく行為が実践の中心となることもある．例えば，今回分析対象とした実践では，いずれの場合も，当事者同士が自分のこれまでの人生や，これからの人生を語り合う場が設けられており，自らの思いを言語化したり，当事者同士がその思いを共感，共有したり，励まし合ったりするような取り組みが積極的に行われていた．その時実践者らは，指導や指示をしたりするわけではなく，その当事者の行為を「そこにいて」支え見守っている．

このように，「行為の中の省察」というプロセスにおいては，その行為は決して実践者自らの行為だけではなく，そこに関係するすべての人の間において相互に影響し合う行為であるという特徴を有する．

2.3. 行為についての省察

「行為についての省察」は，「状況との省察的な対話」による「行為の中の省察」を経て自らの行為を振り返る過程での省察である．ショーンはこのプロセスを，「実践の構造や問題を捉える自らの『枠組み』を発見するとともに，それを捉え直し枠組みを組み替えていく機会」「一つの問題解決がさらに大きな問題への理解へと螺旋的に発展する過程」と述べ，客観的に自らの行為を振り返り実践者としての自らの傾向に気づくとともに，実践をさらに拡大するプロセスと位置づける．他方，実践における自らの限界を実感することによって実践を展開させていくのもこのプロセスである．

ここでの行為の特徴は，「『支援者』としてではなく，『知り合い』『友人』として関わる」「行政と一定の距離感や緊張感を保ちながら協働する」「行政や専門機関から相談を持ちかけられる」「地域にネットワークが構築されるなど社会への訴えかけにつながっている」ということがあげられる．

たとえば，A 氏は自らのことを「支援者」とは呼ばない．筆者が行なったインタビューの中でも「何の資格がなくても，客観的に話を聞いて役所につなげたり，ただ話を聞いたりすることはできる」と述べるし，「『支援』をしようと肩肘を貼る必要は，思っているほどないのかもしれません．（中略）『専門職』『行政職員』だってその前に『人』です．『専門職だから』『行政だから』と，忘れる必要はないと個人的に思っています」（宮田，2018：69）と，あくまでも当事者の「友だち」「知り合い」として側にいようとする．

また，行政との関係についても，それぞれの実践の中で共通点が見られた．実践を始めた当初は，行政と敵対するようなことがあったとしても，実践が展開される過程でその関係は変化する．たとえば，C 氏が実践を行う K 市は，ある時期，路上生活者に対して生活保護費を一切支給していなかったし，生活保護申請を拒否したりするいわゆる「水際作戦」で有名でもあった．このような事情もあって，ホームレスの人たちへの炊き出しなど C 氏の実践を快く思わない行政関係者もおり，炊き出しのための公園使用許可はその申請さえ受け付けてもらえない状況であった．仕方なく毎回ゲリラ的に炊き出しを行っていたというが，公園の入り口に車止めが設置されては炊き出し場所を変える，そしてまた車止めが設置される，公園を変えるということが幾度となく続き，この状況が議会でも問題視されることとなり，C 氏の実践を力づくでもやめさせようとする動きは C 氏の逮捕騒動にまで発展したという．このような行政とのいわゆる敵対関係にあった C 氏であるが，その関係を変えたのは一人の元ホームレスの男性だったという．この男性は，役人に詰め寄る C 氏とその役人との間に割って入り，「私が去年の暮れ，駅で野宿していたときに，あなたたちは一体何をしてくれましたか．私の荷物を捨てたのはあなたたちじゃないか」（奥田・茂木，2013：63）「あんたたちは何もしてくれなかった．私が生きていられるのは，この人たちがしてくれたからだ．この人たちが全部やったんだ．あなたたちにこの人たちのしていることをやめさせることはできない」（同上）と，いかに自分が C 氏の実践に助けられたかを繰り返し主張してくれたという．この言葉が「本当にありがたかった」と C 氏は振り返るが，一方で，「全部はやっていないよな」と自らの実践を振り返り思ったという．つまり野宿者が路上で死んでゆくのは行政が生活保護を出さないから，シェルターを作らないからだと行政の責任を追及することで，自分たちの責任を回避してきたのではないかというのである（奥田・茂木，2013）．そこから，C 氏は当面の間は「エネルギーを全部，野宿のおじさんたちの命のために集中しよう」（同上）と行政交渉をやめ，自立支援住宅の開設に向けて邁進することとなり，そこから行政との協働が始まった．

また，A 氏も当事者への対応について行政と対峙することがあるが，それも実践を継続してくる中で「行政でも『困ったらコミュニティハウス H』と思われている」（筆者インタビューより）とその関係は敵対するものから，協働関係，また時には相談される関係へと変化しているという．たとえば，夫からの DV を受けて家から出てきた女性への対応が土日であったためにスムーズに進められなかった行政職員が保護の必要な女性をコミュニティハウス H へ連れてくることもあれば，最近では A 氏から行政や関係機関に呼びかけてケア会議を開いたりしているという．

このように，実践を続けていく中で，行政との関係も変化している．しかし，それは決して行政に「日和る」わけではなく，A 氏が「行政に何かしてほしいとは思っていない．どちらかといえば，距離を置いておきたい．そのほうが自由に活動をできると思う」（筆者インタビューより）と述べるように，そこには一定の距離感と緊張感を維持した関係である．

さらに，実践を続けていくと，その実践が当事者や実践者，またその団体の枠を超えて，広く展開される．たとえば，A 氏の実践では，子どもたちが始めた様々なイベントを通して，近隣の住民たちが不登校やひきこもりについての理解を深めているという．実践を始めた当初は，何をしているのか分からないと周囲の住民も遠巻きにその様子を静観しているようであったというが，イベントに参加する住民らが徐々に増えてきたことによって，最近では A 氏が気づいていない子どもたちの様子の変化を住民らが伝えてきたりすることもあるという．また，B 氏も「近所の人が助けてくれるようになった」（筆者インタビューより）と実践を継続する中での変化を述べる．B 氏が留守のときに訪ねてきた子どもを，近所の住民が「うちにあがって待っとき」と声をかけてくれたり，活動そのものにボランティアとして参加してくれたりしているのだという．また，D 氏の実践は，単に D 氏の団体だけで取り組む問題としてではなく，地域ぐるみで対応していかなければならないとして地域の多様な機関が連携する取り組みとして行政機関もまきこみながら展開されつつある．

このように，目の前の当事者へ対応する実践であったものが，当事者のおかれている状況やその背景要因について，周囲への理解を深め，新たな動きへと進展させていくこともあり，まさにショーンが「一つの問題解決がさらに大きな問題への理解へと螺旋的に発展する過程」としてこのプロセスは機能している．

この「一つの問題解決がさらに大きな問題への理解へと螺旋的に発展する過程」では，実践家らが自らの実践者としての限界を知り，その限界をさらけ出すという行為が次の展開につながることもある．たとえば，事例5は，家族介護者に関わる医師や福祉関係者らによる相談会が実践のはじまりであるが，当時この実践は，地域医療の最先端とされた地域で取り組まれていた．最先端であったにも関わらず，実践者らは家族に深く関わるにつれて「自分たちでは治せない（治らない）」という限界や無力感を感じていたという．「自分たちは家族介護者らに何もできない．だから家族同士で話あいなさいよ．医師の手が及ばないところで苦労しているもん同士が話し合ったらどうや」（髙見・天田，2015：77）と家族会の発足を後押し，新たな展開へとつながったという．このように，実践を振り返る中で実感した限界は，そのまま放置したり，そこであきらめるのではなく，限界を打破しようとする力が原動となり，実践の次の展開が生まれたりもする．

3．本章のまとめ

本章では，ショーンの提起する省察的実践者の特性を整理した上で，実際にはどのような行為として実践者らによって支援の中で具現化されているのかということを五つの事例分析を通してみてきた．

省察的実践者は，科学至上主義に立脚した技術的合理性モデルという専門家像では，問題解決の対応に限界があることを背景に登場した専門家像である．省察的実践者が専門家であることを担保するための知識の基盤は，「形式知」と「暗黙知」である．ただし，どちらか一方を否定するものではなく，「形式知」と「暗黙知」が相互にやり取りをしながら，新しい知を構築していくという関係にある．このような省察的実践者であるが，本章での分析を通して，省察的実践者を省察的実践者たらしめるのは，「状況との省察的な対話」「行為の中の省察」「行為についての省察」というリフレクション（振り返り）を中心に据えた行為であり，その行為の積み重ねによって省察的実践者としてのスタイルを確立していくということが確認できた．そしてこの三つの行為は，「状況との省察的な対話」を通して当事者がおかれている状況について「アセスメント」した上で，「行為の中の省察」という「実践」を経て，「行為についての省察」を積み重ねる中で自らの実践を「評価」するというプロセスをたどるということが明らかとなった．

上述したような実践スタイルを有する省察的実践であるが，その取り組みは福祉分野でのみ実施されているものではないということもわかった．医療・看護領域や経済領域においても，実践・専門職の養成教育場面で実践がなされていた[4]．このことは，省察的実践に特徴的な，支援者が当事者と一緒に考える，当事者らのリフレクションを促す実践のスタイルは，多領域ですでに取り入れられているし，今後も展開していく可能性があるということを示唆するものである．

これらを踏まえ，終章では，本書の総括として〈よりそう支援〉に取り組む実践家らの行為を改めて整理しつつ，専門職制度や政策に裏付けられてきた「社会福祉労働」との関係性にも着目しながら，現代社会に要請される福祉実践家像を提起する．

注

1） Yelloly ら（1995）は，専門職の 4 類型の一つに省察的実践者を取り上げ，その知識基盤の特徴を，すべての知識の源泉を実践に活用することと述べている．

2） Ruch は，省察的実践においては，理論や研究と同様に，実践知識や直観，暗黙知，わざといった異なる知識の源泉の意義が認められているとする．

3） マイケル・ポラニーは，人は言葉にできるより多くのことを知っているとして，系統的に説明されないし知識を「暗黙知」と呼んだ．

4） たとえば，医療や看護の領域では，『看護教育』第58巻第12号（2017年）や『看護研究』第50巻第 5 号（2017年）では「省察実践者を育む　ショーンからの提起とともに」や「事例研究とリフレクションの関係――省察的研究者としての実践者――」といった省察的実践に着目した特集が組まれている．また，中小企業庁では「伴走型小規模事業者支援事業」に，復興庁では「伴走型人材確保・育成支援モデル事業」といった「伴走型」に関連する事業に取り組んでいたりする．

終 章

〈よりそう支援〉に胎動する実践家モデル

本書では,「今日的な福祉問題」に対応する実践を〈よりそう支援〉と捉え,省察的実践者という専門家像を手がかりにその構造分析を行ってきた.終章では本書の総括として,〈よりそう支援〉の内包する支援の特徴から,現代社会に要請される福祉実践家像を提示する.

1.〈よりそう支援〉からみる実践家の特徴

第4章では,〈よりそう支援〉をショーンの省察的実践者という専門家像を手がかりにしながら,構造分析を行った.その結果,〈よりそう支援〉は,ショーンの省察的実践の概念である「状況との省察的な対話」「行為の中の省察」「行為についての省察」に当てはめると「アセスメント」→「実践」→「振り返り・評価」というプロセスを経て取り組まれると整理することができた.そして,それぞれのプロセスでの実践家らの行為や,当事者との関係の築き方に着目してその特徴を述べるとするならば,それは,当事者と「一緒に考える」行為を中心に置き,「支援者」と「被支援者」という非対称的な関係ではない「相互的な関係」を築いているということであった.さらに,〈よりそう支援〉という実践は,これまで社会に認識されることなく放置されてきた問題を「可視化」し,その問題へ対応するための社会資源の構築への根拠ともなっていた.それは,ショーンの著書を日本ではじめて一部翻訳し,紹介した教育学者の佐藤学が,省察的実践者を「クライエントの泥沼を引きうけ,クライアントと共に格闘する新しい専門家たち」(Schön, 1983a=2007：51)と称したように,クライエントが苦悩している泥沼を山の頂上から見下ろし指示する特権的な存在としての専門家とは対極にあるとも言える実践家の姿であった.以上をふまえ本書では,〈よりそう支援〉に取り組む実践家を「当事者と一緒に考え行動する」「ゆらぎを肯定する」「福祉問題を可視化し社会資源化する」実践家としてモデル化する．

とはいえ，この〈よりそう支援〉に取り組む実践家らの姿は，従来の福祉専門職論や福祉職能団体が掲げる実践および実践家像との親和性が際立つものでもある．たとえば，社会福祉士の倫理綱領でも，「社会福祉士は，業務の遂行に際して，利用者の利益を最優先に考える」「社会福祉士は，自らの先入観や偏見を排し，利用者をあるがままに受容する」と規定されるように，利用者目線で，利用者を第一に考えて行動することが求められている．また，倫理綱領をあげるまでもなく，「問題を抱える当事者の立場に立って」「利用者主体」「利用者主権」という言葉は当たり前のように福祉実践の現場では日常的に用いられている言葉であり，実践者たちはそれを目指して日々の実践に向き合おうとしている．

ところが，実際の福祉実践の現場では，そのような実践者としてのスタイルを貫こうとすることになにかしらの困難が伴っており，〈よりそう支援〉が新鮮味をもって捉えられているのも事実である．それは，序章で述べたように，福祉実践の現場であるにも関わらず，実践者の間では「現場で福祉の話ができない」「福祉職場なのに福祉の勉強ができない」（吉永ら，2018）と言われており，職場の中で実践者同士が自らの取り組みについて議論をしたり，その議論をもとに実践について試行錯誤する機会を持ったりすることが容易ではない状況にあることからも推測できよう．このような状況に陥っているその要因をイアン・ファーガスン（2008＝2012）は，福祉実践の現場が新自由主義的なイデオロギーやそれに基づく社会編成に強く影響を受けており，さらに市場原理の導入とマネジメント主義という資本主義に親和的な方法での運営が進められていることにあると述べる．そして，予算に支配された社会サービスは官僚的に硬直し，市民のニーズに即応することができず，実践者たちの不満や失望をも呼び起こしており，これが「ソーシャルワークの危機」という状況を生み出す背景要因にもなっているというのである．

つまり，本書において述べてきたことの繰り返しになるが，社会福祉に関する諸制度や，問題解決の担い手としての福祉専門職制度が整備され，福祉実践も専門化，高度化，近代化したことによって提供されるサービスの質は向上し，制度によって救われる当事者や家族らも増えた[1]. その一方，制度のはざまに陥り，見過ごされてしまった人びと，いわゆる「制度からの排除状態」（高良，2017）にある人びとの実態は拡大し，深刻化しつつある．これが，本書で分析の対象とした「今日的な福祉問題」を抱える人びとだ．私たちの社会は，より専門化，高度化，近代化することで，問題解決の方法として科学技術を厳密に用いる専門家を期待するようになる．つまり，ショーンが述べるような，実証科学を基盤として形成された「技術的合理性」の原理に基づく近代の専門家による科学技術の合理的適用による問題解決である．しかし，私たちが生活の中で抱える問題というのは，複雑で複合的な問題であり，その問題の解決方法は，「1＋1＝2」のように単純に答えが導き出せるものでもなければ，三角形の面積を求めるように「底辺×高さ÷2」と決められた公式に当てはめれば良いというものでもない．既存の制度や社会資源を当事者に〈あてはめる支援〉では「制度からの排除状態」にある人びとの抱える生活の問題に対する解決の道筋を見つけることはもはや容易ではないのである．このような状況を背景に，地域福祉実践の場面では，〈よりそう支援〉に取り組む実践家らが登場し，その実践の幅を拡大していることは本書を通して見てきたところである．

このような登場の背景を持ち，「当事者と一緒に考え行動する」「ゆらぎを肯定する」「福祉問題を可視化し社会資源化する」の三つの支援の特徴を持って実践家としてモデル化される〈よりそう支援〉ではあるが，それぞれ具体的にはどのような機能と特徴を有するのであろうか．以下，それぞれについて説明していく．

1.1. 当事者とともに考え一緒に行動する実践家

本書で取り上げた〈よりそう支援〉に取り組む実践家らは，つねに当事者とともに状況を共通し，一緒に考え行動していた．それは，「わたしはあなたに対してこういう支援ができますよ」「今のあなたはこのような状況にあり，解決すべき問題はこれで，この方法を用いて解決していきましょう」「そして，この先こういう人生を歩んでいきましょう」と実践家が目の前の問題状況を分析し，問題設定を行い，問題解決の方法を一方的に決めて，提示して，当事者を納得させる実践ではない．〈よりそう支援〉として実践家らが具体的に取り組む行為は，問題を解決するために話を聞いたり，一緒に考えたり，さらには，一緒に行動したりするための場を提供することである．

この「一方的に決めない．一緒に考える．」という実践スタイルは，いま精神医療の分野で注目をされている「オープンダイアローグ」という支援手法とも共通する部分がある．オープンダイアローグは，フィンランドではじまった統合失調症に対する家族療法的なアプローチで，薬物をほとんど使わずに，「対話」によって統合失調症を治療するという特徴を持つ．「家族療法，精神療法，グループワークセラピー，ケースワークといった他領域にわたる知見や奥義を統合したような治療法」(斎藤，2015：14）で，近年では，精神医療の場面だけではなく，認知症ケア（竹林ら，2017；森川，2018）や教育現場（岡本，2017），看護教育の現場（川田，2018；坂下，2018；近澤，2018）でもその手法が取り入れられている．その実践は以下のような手順で進められる．患者，もしくはその家族から相談依頼の電話が入ると，24時間以内に初回ミーティングが行われる．このミーティングの特徴は，非常にオープンな点にあり，参加者は患者本人とその家族，親戚，医師，看護師，心理士，現担当医など，本人に関わる重要な人物なら誰でもよいという．医師と本人が1対1で関わるのではなく，チームで関わることは，「医療者と本人・家族との間のヒエラルキーをなくし，水平の関係になることを助け，本人の周囲でこじれていた人と人との関係を回復させることに影響する」(森川，2018：74）という．ミーティングの場で行われるのは，「開かれた対話」であり，すべての参加者には平等に発言の機会と権利が与えられる．ミーティングにはファシリテーターは存在するが，対話を先導したり，結論を導いたりするような議長や司会者はいない．原則として，話し合いの最中には，スタッフとクライエントとの間にもはっきりとした区別は設けないが，ただし，これは，「専門家」や「専門性」を否定するものではない．つまり，オープンダイアローグにおいては，「専門性」は必要だが，専門家が指示し，患者が従うといった上下関係は存在せず，完全に相互性を保った状態で対話をすること（斎藤，2015）が重要視されている．さらに，もう一点オープンダイアローグにおいて重要視されるのは，「本人抜きではいかなる決定もなされない」ということだ．薬物投与や入院といった治療に関するあらゆる重要な決定は，本人を含む全員が出席した場面でなされ，本人のいないところで治療方針が決められることはないという．

このようなオープンダイアローグの特徴を，当事者を中心において，「本人のいないところでは決定しない」「対話を重視する」という点であると整理するならば，本書第3章第2節において取り上げた実践事例もこの手法と共通する点がある．たとえば，事例1の場合，ひきこもりの親からの相談があったときに，けっして親と実践者との間だけで解決のための手段を考えるのではなく，ひきこもり状態にある本人と会って，話をして，そこからどういう対応がいいのかを一緒に考えて，そして行動していくというプロセスがとられていた．そしてその際に，母親から聞いている話や，母親がどう思っているのかということ，実践者自身が本人とどう付き合っていきたいと思っているのかということについて，包み隠さず話をしていた．このような事例1の実践も，当事者を中心においた実践スタイルという点では，オープンダイアローグの手法を応用した実践ということができる[2)]だろうし，一方的に支援の方向性を決めず，当事者と一緒に考えていくというスタイルは，事例1のみならず，本書で取りあげたすべての事例が共通して取っている実践スタイルでもあった．

もう一つ，「一緒にする（考える）」ということについては，事例3のエピソードも特徴的だ．2017年7月30日の長崎新聞のインタビュー記事のなかで，C氏は，最近の福祉の支援スタイルは「問題解決型支援」であり，たとえば困窮者支援の就労支援の場面では，仕事がない人を就職させてあげられなければその支援は失敗とみなされると述べる．一方，自分たちの実践はいつまでも一緒にというスタイルをとるのだという（長崎新聞，2017）．つまり，たとえ利用者が失敗することになったとしても，その失敗にさえも一緒に付き合う支援という特徴だ．

また，〈よりそう支援〉に取り組む実践家らは，「一緒に考える」ことを重視するのであって，意図して「相談」や「支援」の場を作っているわけではない，という点もいずれの事例にも共通することであった．ただそこにいて（そこにあって），対象者がやってくる場所を提供し，受け入れているのである．事例1や事例2，事例3，事例4は，いつ誰がいてもいいよ，誰がきてもいいよ，という形での「居場所」であったし，事例1や事例3，事例5は当事者たちの「語りの場」を提供することでの「居場所」となっていた．つまり，今ある自分の「状況を共有できる場」ということである．当事者が自らの経験を言語化し，互いに共感し，励まし合う場は，当事者を支える機能を有していると考える．この「状況を共有できる場」の重要性については，不登校児の母親へのサポートにおけるグループワーク実践の有用性を分析した門田（2004）も考察している．門田は，不登校児の母親を対象にした岡野ら（1990）のアンケート調査の結果をもとに，母親らは子どもとの関係，学校との関係，家族・親族との関係，近所の人との関係，仕事の関係などにおいて危機状況にあるとする．その上で，「不登校児の母親は，その子に目をむけざるを得ず，周囲からの干渉をうとましく思い，舅・姑と対立したり，親戚，近所の人たち，教師との関係が疎遠になり，孤立化する」（門田，2004：82）という．したがって，「孤立化する不登校児の母親たちに対する支援では，母親個人が抱える多様な「状況」（situation）に主眼を置いたアプローチが必要」とし，グループワーク実践のなかでもとりわけ，共有する生活経験（この場合であれば，不登校の子どもをもつという経験）にもとづいたメンバーによって構成され，かつ，メンバー間のコミュニケーションは，互いの情報や経験，対処方法を共有することにあるサポートグループでの実践が有益であると結論づける．つまり，ショーンの言うところの「状況との省察的な対話」を促すような，セルフヘルプグループによる実践である．さらに，このサポートグループによる実践でのワーカーの役割については，「将来への希望を促進し，メンバーがセルフヘルプや相互扶助をとおして，困難に対処していくための技能を改善しうるように動機づけていくことである．ワーカーはメンバーがより効果的な対処への情報や示唆を共有し合えるように，そして新たな対処方略を試みていくことができるように促していくこと」（Toseland and Rivas, 2001：24）であるとされている．つまり，当事者同士が，お互いに大変だった経験や，問題状況を対処した方法を共有し合ったり，今自分がおかれている状況についての意見をもらったりする場が，ケアする人には有用に働くということである．

1.2. ゆらぎを肯定する実践家

先の節では，〈よりそう支援〉に取り組む実践家の行為の特徴を「当事者とともに考え一緒に行動する実践家」として考察した．次に，この「ともに考え一緒に行動する」際の実践家らの立ち位置はどこにあるのかということを考えてみると，それは問題状況を抱えた当事者を「高地」から見下ろす位置ではなく，今まさに問題状況と格闘する当事者の置かれている泥沼の「低地」にともに位置していることがわかる．

それは，決して当事者らに対して，問題解決の確固たる手法があることを前提として，高地から問題解決のための社会資源をあれこれと「あてはめ」，指示する実践のスタイルではない．ぬかるんだ低地で何が問題なのかという状況を掴むところから当事者と一緒に格闘する実践スタイルである．つねに，当事者と一緒に，当事者の置かれているぬかるんだ泥沼状態を引き受けるその実践の過程では，既存の問題解決の方法は通用しない．当事者の置かれている泥沼の状況はそれぞれに異なるし，そこから抜け出す方法もまたそれぞれに異なる．だからこそ，実践家らは当事者の話を聞き，置かれている状況と対話をし，その状況把握，問題設定に努めるのである．既存の社会資源や，問題解決方法を〈あてはめる支援〉ではなく，まさにその人，その状況に〈よりそう支援〉である．

そのなかで，実践家らは決して自らを「支援者」とは呼ばないし，そして時に実践する者としてどうすれば良いのかわからないという「とまどう自らをさらけ出す」ことも厭わない．「自分たちは万能ではない」その思いが根底にあるからこそ，当事者の声に耳を傾けることからしかスタートし得ないともいえよう．実践家たちは，当事者たちとの関わりのなかで，多かれ少なかれ後悔をする経験がある．事例4では，親から性的虐待を受けていたことを知らずに，家出してきた少女を何度も家に連れ戻したことを「今でも後悔している」と振り返ることや，事例3では，刑務所を出所した後，行き場がなかった男性が，刑務所に戻れば生きることができると起こした放火事件について「なにか声をかけることができていれば……」といって当時を振り返る様子からもそのことが分かる．ただ，実践家たちは後悔をするだけではない．後悔の先に，新たな関係を作り出している．たとえば，事例3のC氏は，ホームレスのための自立支援住宅を2001年に初めてつくった際，活動をするK市内にはホームレスが300人程度おり，アパートには70名が入居を希望してきた．それにも関わらず，資金が十分になくアパートを5室借りるのが精いっぱいだったという．当時，何度かけあっても行政が対応しないシェルター開設を実現させたと気持ちが高揚したのもつかの間，65人の希望に応えることができない現実を思い知らされたという．「ごめんなさい」というしかないという覚悟をもって，「私たちにはお金がないから用意できたのは五室です．本当はみんな入れてあげたいけれども，1部屋に10人ずつ入れるわけにもいかない．申しわけありません（中略）65人には今ここで謝ります」（奥田，2013：25）と炊き出しの現場で伝えて謝った．すると，公園にいたホームレスや，ボランティアたちから「がんばれよ」という声とともに，拍手が起こったという．つまり，このC氏の行為は，実践の限界を実践者たちが知り，しかしそれを自分のなかだけにとどめ置くのではなく，正直に当事者や家族，周囲の人びとにさらけ出し，そこから新たな関係を築いた事例として捉えることはできないだろうか．このような，実践のなかで，実践家たちが限界や無力感を感じ，それがまた新たな展開を生み出すということは，事例5でも同様にみられる．家族の会の設立について，家族の会元代表の髙見国生は，社会学者の天田城介との対談のなかで，「医者の連携がつくったというよりも，医者の力ではどうにもならなかったから，という面があった．（中略）いろいろ相談を受けても，当時医療は何もできなかった」と専門家による実践の限界があったことを述べている．つまり，家族の会の設立に関わった医師たちは，当時，先駆的な地域医療という取り組みに関わりながらも，「自分たちは何もできない」「自分たちでは治せない（治らない）」という限界や無力感を感じていたというのである．家族の会の前身ともいえる「高齢者なんでも相談会」に関わっていた医師の早川一光は，「わしらは患者や家族に対して何もできひんかった．だから，家族同士で話し合いなさいよ．医師の手が及ばないところで苦労しているもん同士が話し合ったらどうや」（髙見・天田，2015：77）と家族の会の発足を後押ししたという．「医師同士のネットワークや連携から直接的に家族の会ができたというよりは，そうした医者たちが実践のなかで限界や無力さや困難をかかえていた」（同上）ことが家族の会の設立という展開に大きく影響したのである．

このように，実践家らは，自らの言動を振り返る中で後悔もする．しかし，後悔をしたり，悩んだりする姿を隠すことなく，当事者らや周囲の人にありのままにその姿を見せていた．事例1では，「人間だから間違いをすることもある．その時には，人と人として謝る」との発言があったし，後悔を後悔のまま放置せずに，そこから新たな関係をつくり，展開につなげていくということも共通している．この点について，「私なりに，自分でやってみて，あれはよくなかった，と分かりだしたら，悪いことはどんどん捨てて，よりよいやり方に変えてきました．試行錯誤を繰り返して，少しずつ共感する能力が身についてきた」（中本，2017：59）とその実践が当事者との間の試行錯誤の中で形作られてきたものであることを語っている．しかし，本書で取り上げた〈よりそう支援〉に取り組む実践家らが，試行錯誤を繰り返したり，限界を知ってできないことを謝る，というように自分をさらけ出して対象者と関係を紡いでいくというのは，従来の専門職とクライエントとの関係では構築し難い方法ではないだろうか．たとえば，対人援助の行動規範として有名なバイスティックの７原則には，「統制された情緒関与の原則」や「非審判的態度の原則」があるが，これは，対象者を的確にかつ問題なくケースの解決に導くために，支援する側はけっして自分の感情を表出せず，あくまでも支援者としての立場から接することを求められる．この七つの原則は，対人援助職の養成教育の中では必ずと言っていいほど取りあげられる教育内容であり，社会福祉士の国家試験での出題頻度も高い．多くの福祉専門家が専門職の行動規範として，教育の過程でこの原則には触れており，ある意味，専門職として内面化している内容であるといえよう．ところが，本書で取り上げた〈よりそう支援〉は，バイスティックの原則に照らし合わせてみると，少しその支援のスタイルとは異なるようである．つまり，〈よりそう支援〉に取り組む実践者らは，当事者に対して必ずしも「支援者」として接しているわけではなく，「できない」「わからない」を受け入れ，だからこそ当事者と一緒に考えようとする行為に取り組む実践者である．当事者と一緒に試行錯誤し，「絶対的な存在である専門家」として存在するのではなく，ともに「ゆらぐこと」を否定せず，肯定する実践家である．

「絶対的な存在」としての実践家ということについてもう少し述べるとするならば，荒井（2015）は，「ソーシャルワーカー[3)]は専門用語を使って自らの支援を説明しようとする」と述べ，専門用語を使って自らの支援を説明しようとすることは専門家にとって大きな利点となるとする．それは，専門用語は専門性に裏付けられた言葉であるため，この言葉を使うことで専門家らは自らの支援を価値あるものとして正当化することが可能になるというのだ．つまり，専門用語で説明された支援はもっともらしく映り，説得力を増すということである．ここで荒井は，「そもそも専門性とは誰のためのものなのか」と問い，「専門性は，表向きはクライエントの利益となるより良い支援のために必要とされている．しかし，実際は，支援者が自らの支援を説明し，正当化するレトリック（修辞技法）として機能しているのではないか」と問題を提起する．つまり，バイスティックの７原則に基づく支援や，家族モデル，医療モデルといった対人援助場面で取り組まれる従来の支援のスタイルは，荒井の言うところの専門家が自らの支援を価値あるものとして正当化するための根拠として専門用語や専門知識を用いているに過ぎず，そうして，実践者の「できない」「わからない」を無意識に封じ込めてしまうことが実践現場で常態化しているとはいえないだろうか．このように，〈よりそう支援〉に取り組む実践家は，「できない」「わからない」を否定することなく，「できない」「わからない」からこそ当事者と一緒に考え行動しようと，自らが専門家として「ゆらぐこと」を肯定する特徴を有しているのである．

1.3. 福祉問題を可視化し社会資源化する実践家

本書で〈よりそう支援〉として取り上げた実践は，第３章で考察したように，「福祉実践の四象限」を用いてその特徴を説明するならば，「第三象限」に特徴的に位置づく傾向を持つ，つまり，制度的背景（根拠法）を持たず，専門職制度に裏付けられていない実践者による実践であった．問題状況としては存在しているにも関わらず，未だその問題解決については社会的に合意が得られていない福祉問題を対象としているということである．これは，真田是が，社会福祉の対象の二重構造論において述べるところの「潜在的な対象としての対象」に対応しようとするのが〈よりそう支援〉であるということでもある．たとえば，〈よりそう支援〉が対象とするのは，たしかに問題状況としては存在しているのだが，「家族の問題だから」「個人のパーソナリティーに依る問題だから」として，これまで家族の中に封じ込められ，見過ごされ，社会的には放置されてきた問題である．本書において取り上げた実践家らが，これらの諸問題に取り組むことによって，ひきこもりへの理解を促していたり，問題を抱えているのは自分だけではないことへの発見であったり，周囲の人びとへの問題の気づきを生み出していた．これは，〈よりそう支援〉が，潜在化していた諸問題を，社会問題として顕在化させる実践でもあることを意味している．このような，従来であれば見過ごされていた問題を，そのまま放置するのではなく，問題を抱えた状況にある人と一緒に，その状況について考え，どうすれば解決に近づくことができるのか，一緒に行動するという〈よりそう支援〉のプロセスを用いて，問題そのものへの認識を社会に訴えかけていく，問題を「可視化する」働きかけを実践家らは行なっているということである．

また，〈よりそう支援〉に取り組む実践家らが対象とする問題は，未だ政策的な対象となっていない潜在化した問題というだけではなく，その問題解決のための道筋も，社会資源も十分には整備されていない問題でもある．このような社会資源が十分に整備されていない状況の中で実践家らは，問題状況を抱えた当事者らの状況を聞き，一緒に考え，一緒に行動し，解決の糸口を探ろうとしていた．定式化された解決方法があり，その方法を当事者にあてはめれば解決するわけではないからこそ，状況と対話し，行為の中で省察し，自らの行為について振り返るという省察的実践を繰り返しているようにもみえる．そして，その実践は，徐々に周囲の人を巻き込みながら，展開を広げていく．どのようにすれば問題状況を解決に導くことができるのか，今ある社会資源では何が足りていて，何が足りていないのか，ということを明らかにする営みでもある．そうして，足りない資源があるのであれば，それをどのように補うことが可能なのか，また足りないものを新たにつくりだすためにはどうそれば良いのかという，「社会資源化」への道筋をつけていくプロセスでもある．

このように未だ政策的課題として認識されていない問題を「可視化」し，解決のための「社会資源化」に取り組んだ実践として，2008年の年末から2009年の年始にかけて日比谷公園に開設された「年越し派遣村」の実践があげられよう．2008年秋のリーマン・ショックをきっかけに世界同時不況起こり，その影響は日本にも及び，製造業メーカーを中心に急激な生産調整が行われ，派遣切りが相次いだ．「年越し派遣村」は，「派遣会社の寮に暮らしていた労働者を中心に多数の人びとが仕事と住まいを同時に失って路頭に迷う，という緊急事態に対して，労働組合関係者，法律家，生活困窮者支援 NPO のメンバーらが急遽，実行委員会を組んで実施した」(稲葉，2019) 実践である．生活困窮者支援に携わる稲葉剛によると，当時の日本の貧困問題に対する社会の認識は，「今では信じられないことだが，2000年代初頭までの日本では，『国内に貧困問題は存在しない』という見方が一般的であった」(同上)．たとえば，小泉政権において閣僚をつとめた竹中平蔵は，「格差ではなく，貧困の議論をすべきです．貧困が一定程度広がったら政策で対応しないといけませんが，社会的に解決しないといけない大問題としての貧困はこの国にはないと思います」(2006年6月16日朝日新聞) と述べている．2006年から2007年にかけては，「ワーキングプア」や「ネットカフェ難民」など，国内の貧困に関する報道も増え，若年層も含めて貧困が拡大しているという実態が徐々に人びとに知られてくるようになった頃であり，「貧困の可視化」は進展しつつあった．他方，その範囲は，「テレビのドキュメンタリー番組を見るような社会問題に関心の高い層に限定されていた」(稲葉，2019) というように，社会全体でその問題を認識したり，政策合意をえたりするまでには至ってはいなかった．このような貧困問題を一部の人の関心ごとから，多くの人への関心ごとへと状況を一変させたのが，派遣村の取り組みとそれにまつわる連日の報道であった．派遣村の実践が始められて以降，「竹中氏のように社会問題としての貧困の存在を否定する人はいなくなった．今では当たり前のことだが，この変化は画期的であった」と稲葉は述べている．

派遣村の取り組みは，社会に対して貧困問題の可視化を可能としたが，それと同時に，生活保護制度の運用について派遣村以前からの貧困問題への取り組みの成果も広く社会に知られるようになったという．生活保護制度には「無差別平等の原則」があり，生活に困窮していれば，年齢に関係なく生活保護を利用することができる．しかし，第3章の事例3でも取り上げたが，2000年代の初めまでは，地域差はあるものの，稼働年齢層に対して生活保護の申請を窓口で追い返すという違法な「水際作戦」が各地の福祉事務所で横行していた[4]．この状況を変えたのが，2000年代になって増えはじめた都市部を中心に生活保護の申請支援に取り組む法律家たちであり，この法律家たちから学んだ専門的知識を活用しはじめた生活困窮者を支援するNPOの実践家らであった．当時，生活困窮者支援の現場に関わっていた法律家は一部の有志のみであったが，こうした有志らの動きは日本弁護士会連合会 (以下，日弁連) をも動かすことになる.[5] その後，日弁連も後押しする形で法律家らによる生活保護の申請支援の相談窓口が開設され，活動が活発化し，同時に生活困窮者支援に携わる実践家との連携を強化していくこととなる.

このように，派遣村の取り組みはさまざまな点において社会にインパクトを与え，その後の社会資源化に繋がっている．それは，派遣切りによる住居喪失という事態に対応するためのセーフティネットとして，2009年10月からは「住宅手当」[6]制度が緊急対策として実施されたことや，また，2015年度からは生活保護費の手前の段階で生活困窮者を支援するための「生活困窮者自立支援制度」が始まり，全国の自治体で生活保護とは異なる相談窓口が開設されていることからもわかる．また，「住宅手当」も生活困窮者自立支援制度のなかの一つのメニューとして「住居確保給付金」という名称で恒久化もされた.[7] まさに，問題の可視化による社会資源化である．とはいえ，「防貧」という観点からみると，そもそもの問題の発端である「派遣切り」を生み出した労働者派遣法の改正問題が重要であり，その点は現在に至っても未だ解決していないし，生活保護制度についても，「水際作戦」はその数を減らしてはいるが，生活保護の申請を抑制させようとする動きは「生活保護バッシング」という別な形態でもって存在し続けている．さらには，このような生活保護バッシングを一つの背景に，第二次安倍政権は二度にわたる生活保護の基準引き下げや，親族への圧力強化を可能にするような法改正を行なっており，「派遣村の成果を減殺するような動きが続いている」（同上）状況である．このように，貧困問題に対する根本的な課題は未だ残されているが，「私たちは貧困問題が可視化され，生活に困窮すれば年齢に関わりなく生活保護を利用することができるという知識がある程度，普及した社会で生きている」（同上）のであり，また貧困問題への社会的な取り組みは子ども食堂や女性の貧困対策など新たな実践へと広がりをみせてもいる.

また，本書で取り上げた事例からは，「福祉実践の四象限」で示すところの「第三象限」から「第二象限」への広がりという状況や，「第一象限」に位置付けられる実践者らが協力を求めてくる実態が明らかとなった（図終-1）．これらが意味するのは，四つの象限は一定の緊張関係を保ちつつも，相互に連関しあいながら存在しており，それぞれの象限の境界線は状況に応じて流動的に変

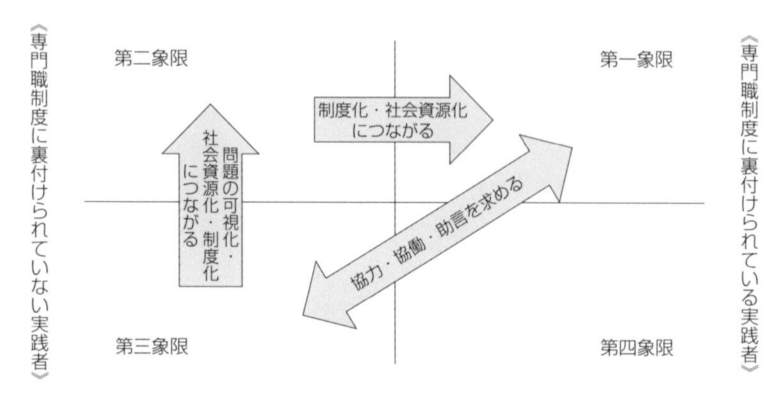

図終－1　〈よりそう支援〉と福祉実践の四象限

（出典）筆者作成.

化しているということである．そして，第三象限での実践の蓄積が，新たな社会資源を生み出すその萌芽にもなっているということでもある．

2．〈よりそう支援〉の社会的展開

先に見たような実践の特徴を有する〈よりそう支援〉であるが，それでは，〈よりそう支援〉はいかにしてこれから社会との接点を持ち，社会の中でより合意を得られる実践スタイルとなることが可能となるのだろうか．

まず，〈よりそう支援〉について考える前に，日本の福祉実践がどのようにして展開されてきたのかを，繰り返しになるが改めて整理しておきたい．第2章でも述べたが，日本の福祉実践の始まりは，1920年頃，欧米のソーシャルワークが導入されて一定の定着が見られるようになった頃とされるのが定説である（野口，2015）．当時の日本は，伊藤（1996）によると，第一次世界大戦を経て，資本主義社会として急速に成長を遂げており，「新中間層」「工場労働者」「都市下層」といった諸階層が形成され，市民社会に定着していく時期である．また，1918年の米騒動が象徴するような，細民層，労働者，農民らによる社会運動の高まりとともに，新たな階層として登場した中間層による市民的自由主義の思想が，大正デモクラシーとして開花した時代でもあった（伊藤，1996）．この時期，「社会事業」としてその後の福祉実践につながる取り組みが始まるのであるが，その特徴を一番ヶ瀬は，「米騒動を機としてその後の労働運動その他の社会運動の興隆を背景に，大正デモクラシーを消化しつつ，アメリカ社会事業理論や諸科学の成果を組み入れながら，大正中期以後に社会事業として脱皮し，また新たに成立した」（一番ヶ瀬，1981：43）と述べる．つまり，福祉実践は，社会に蔓延する不満や不安をなんとか打破しようとする市民の運動が一つの動力となり，推し進められてきたという出自を有しているということである．

では，今の私たちの社会はどうだろうか．第1章でみてきたように，私たちの暮らす現代社会は，「底辺への競争」（山田，2017）と表現されるような，社会保障の仕組みが機能不全に陥り，暮らしの中に不安が広がっている状況にある．一見すると大変閉塞感が漂っている．しかし，一方で，この閉塞感を打破しようとする多様な実践が地域において芽生え始めており，そして，本書を通して見てきたように，それらの実践は，〈よりそう支援〉として新たな実践家モデルを私たちの社会に提示してくれている．

本書において取り上げてきた「今日的な福祉問題」は，問題が存在しているにも関わらず，その問題解決が社会的な合意を得られていないという理由によって，問題が個人や家族の中に封じ込められてきたという背景をもっている．すなわち，たしかに問題として存在しているにも関わらず，福祉政策の対象として対象化されてこなかった問題ということである．このような社会で認識されていない「対象化されていない対象」を，〈よりそう支援〉は福祉問題として「可視化」し，そして問題解決のための社会資源化への道筋を示していた．序章で述べたように，福祉問題が定位性を失い激しい変容過程に置かれている現代の地域社会において，多様な領域で〈よりそう支援〉という実践を豊富化させていくことは，社会から見過ごされてしまっている問題を「ないもの」として放置するのではなく，「なんとかしなければならない」という社会運動の高まりを生み出すことにつながるのではないだろうか．これまでの福祉実践が，市民の思いを集結させ，そこから社会的な運動につながり，実践の形を作ってきたことを考えると，現代社会はたしかに生きづらさの蔓延る社会かもしれないが，一方で，その生きづらさを打破しようとする実践の力が新しい社会を生み出す萌芽となるとも考えられよう．

以上をふまえた上で，〈よりそう支援〉を第3章でも提示した真田是の社会福祉の「三元構造」を図示したものに当てはめて改めてその位置付けを考えてみると，**図終－2**の【Ⅰ】ように位置づけることができる．つまり，〈よりそう支援〉は政策の対象として「対象化されていない対象」について，**【①当事者とともに考え一緒に行動】**し，そのプロセスで**【②ゆらぐことを肯定】**しながらあれこれと試行錯誤を繰り返し，実践という運動を通して**【③社会問題を可視化し社会資源化】**していく実践である．〈よりそう支援〉は運動の高まりを後押しする原動力となり得ると同時に，それ自身を運動の一つのバリエーションとしても捉えることができよう．

このように，社会福祉の三元構造における〈よりそう支援〉の位置は**図終－2**の【Ⅰ】ようになるが，これに加えて，さらに専門職制度や政策に裏付けられた「社会福祉労働」と〈よりそう支援〉との関係性についても考えてみたいと思う．まず，真田は，「社会福祉労働」について，三元構造を基本において「政策論と福祉技術論との分離を克服する意図をこめて，社会福祉制度・政策と社会福祉の対象を媒介するものとして『社会福祉労働』を措定する」（石倉，2002：12-13）が，さらに石倉は，社会福祉事業体の位置を「制度・政策と対象とを媒介する『社会福祉労働』と同じ位置にあり，社会福祉労働が展開される舞台として社会福祉事業体を措定することができる」（石倉，2002：13）と述べ**図終－2**の【Ⅱ】のように図示する．つまり，【Ⅰ】と【Ⅱ】の関係を見てみると，「福祉実践の四象限」でいうところの「第一象限」や「第二象限」に位置づく，専門職制度や政策に裏付けされた「社会福祉労働」は，「社会福祉制度・政策と社会福祉の対象を媒介するものとして」いるのに対して，本書がフィールドとした〈よりそう支援〉は，政策的に対象化されていない対象の存在に気づいた人が，自発的に行う任意で自由な実践で，問題を知ってしまったものの責任として取り組まれ，場合によっては当事者性の高い実践として，上記の「社会福祉労働」とは異なるルートによって社会問題への対応を政策主体に求める実践として位置づけることができる．

さらに，社会福祉の三元構造の中において，専門職制度や政策に裏付けされ

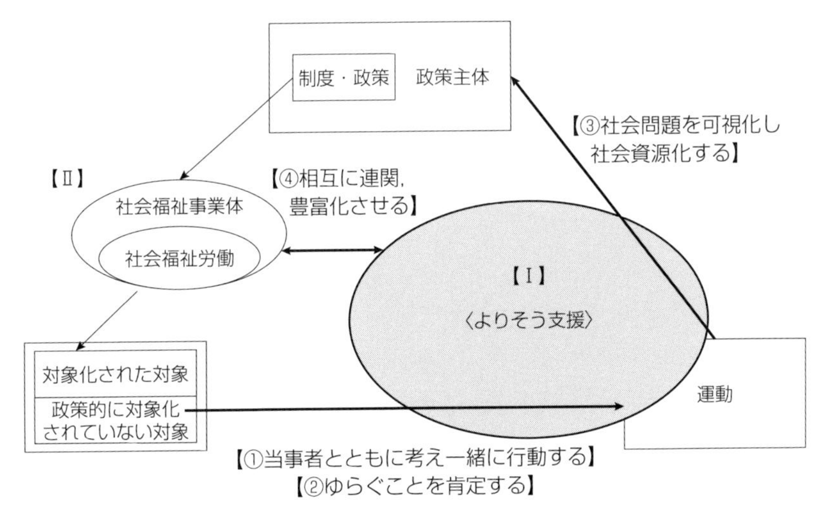

図終－2　社会福祉の三元構造と「社会福祉労働」および〈よりそう支援〉の位置
（出典）石倉『社会福祉事業の場の再構築と社会福祉事業体』（2002年）に筆者加筆.

た「社会福祉労働」は，社会資源としての社会保障制度の整備・拡充の実現を目指すものである一方で，「共同保育から公的保育への移行と父母活動の形骸化，呆け老人の自主的託老所のデイサービス認可による画一化・硬直化を生み出す」（久常・津止，1998：170）といったように，任意的で自由な実践が，制度化することによって標準化・官僚化，ひいては実践の劣化を誘導し，衰退を引き起こしかねないという側面を持つ．これは，「運動」という媒介を失った社会福祉実践の典型である．それに対して，〈よりそう支援〉として示した支援のあり方は，以下のように捉えることができよう．それは，「社会福祉の四象限」において捉えたように，それぞれの象限は相互に連関し合いながら存在していることを踏まえ，専門職制度や政策に裏付けされた「社会福祉労働」と〈よりそう支援〉は，**図終－2**で示すように**【**④相互に連関し，豊富化させる**】**という関係にもあり，この「社会福祉労働」と〈よりそう支援〉の相互の連関が進められることによって，〈よりそう支援〉はこれまで制度・政策化によって引き起こされていた実践の劣化に対する防波堤となり得るのではないだろうか，ということである．つまり，〈よりそう支援〉は原点を忘れてしまった「ソーシャルワークの危機」への処方箋であり，これが，本書において，

〈よりそう支援〉が従来の専門職制度や専門職による実践を否定するものではないとする所以でもある．そして，〈よりそう支援〉やそれを担う実践家，そしてそこに協働する人びとの行為に筆者が期待を寄せるのは，このような運動性をもった実践が，これまで私たちの福祉問題を媒介として，公的責任を追及し具現化してきたとともに，地域社会のなかに新しい共同性や連帯性をも生み出してきたという歴史をもつからであり，多様で複雑な「今日的な福祉問題」を抱える現代社会においてこそ，このような実践が必要不可欠なものであると考えるからである．

3．本書のまとめ

未だ社会的には広く認識されていない問題も含めて，多様な福祉問題に対応しようと〈よりそう支援〉に取り組む福祉実践家たちは，社会における新たな実践家の先駆者になるという可能性を持っているとは言えないだろうか．

〈よりそう支援〉として取り組まれる省察的実践は，福祉実践の歴史から見れば，なんら目新しいものではない．先にも述べたとおり，元来，福祉実践は何もないところから，当事者やそれを支える支援者らの運動によって作られてきたものである．それは，障害者の作業所，子どもを育てる働く親を支える保育所，ケアの必要な高齢者を対象にした宅老所などが社会に広がっていくプロセスを見れば自明のことであるといえよう．つまり，制度があっても，なくても，実践者たちは目の前の問題状況や問題を抱えた人に対して，省察的実践者的な行為によって対応をしてきたし，実践者を育てる福祉教育の場面でも，当事者に寄り添い，対象者と一緒に考え，行動する専門家の育成を目指してきた．ショーンの提示するような省察的実践者としての視点は，従来の専門職らが取り組む支援のなかにすでに存在していた視点でもある．換言するならば，このような実践家の姿は，従来の福祉専門職論や福祉職能団体が掲げる実践および実践家像との親和性が際立つものでもある[8)]．

従来の福祉専門職論が目指す実践家像と親和性の高い〈よりそう支援〉に取り組む実践家であるが，その実践がいま改めて新鮮味をもって捉えられ，その実践が多様な問題を対象とするのは，現代の福祉実践を取り巻く状況が「ソーシャルワークの危機」といわれる状況にあることを要因とするからではないだろうか．ショーンは，省察的実践者という専門家像を，近代社会の厳密性を求める科学至上主義に拠った問題解決の傾向に警鐘を鳴らすものとして提起した．繰り返しになるが，いま地域において私たちが抱える福祉問題は，潜在的対象としての問題が拡大しており，それは厳密性だけでは対応しきれない．だからこそ，〈よりそう支援〉という実践スタイルが求められている．しかしながら，ここで改めて強調しておきたいのは，この〈よりそう支援〉の展開を広げていくことは，決して従来の専門家による実践を軽視するものでも，否定するものでもない．本書において提示した「社会福祉実践の四象限」において，それぞれの象限が相互浸透の作用を持つものであるということを考えるならば，両者は互いに影響し合って，その実践を自らのうちに取り込んで，そしてそれぞれの実践を豊富化するという関係性のなかにあるのである．

今後，さらに科学技術が発展し，たとえばAIが私たちの暮らしを支えるような時代になったとしても，また，福祉・介護の社会資源が拡充したとしても，医療技術の進歩やさまざまな新薬が開発されたとしても家族の介護や看病に悩む家族の存在はなくなりはしない．依存的関係と無縁な人は誰もいない（E. F. KITTAY, 1999）．このような状況において，生活の中で困りごとを抱えた人を誰がどう支えるのか．困ったときにいつでも困ったと声に出すことができ，それを丸ごと受け止めてくれる存在があるということだけで私たちは安心して，日々の暮らしを営むことができる．その仕組みを地域の中でどのように構築していくのか．人びとが抱える困りごとは多様であり，かつ複雑だ．この「多様」で「複雑」なのが私たちの暮らしであると考えると，そこで起こる問題に向き合う実践家に求められるのは，依存的な関係を肯定し，つねに物事との対話，状況との省察的な対話を進めようとする省察的な実践者としての視点ではないだろうか．

最後に，本書で明らかになったことを踏まえた上で，今後の研究課題について整理しておきたい．本書で〈よりそう支援〉の事例として取り上げた実践は，「福祉実践の四象限」のうち，「第三象限」に特徴的に位置づけることのできる傾向を持つものであった．しかしながら，先にも述べたように，〈よりそう支援〉の実践は第三象限にのみ存在しているわけではない．あくまでも，「第三象限」に象徴的に散在しているということであって,「第一象限」「第二象限」においても〈よりそう支援〉的な実践に取り組もうとする実践者が存在していることは確かなことである. つまり, それぞれの象限での実践は相互に連関し合いながら存在している. したがって,「第三象限」に現れる実践の特性をより鮮明にしていくためには, 今後, その他の象限についても実践の特徴を精査していく必要があろう. 本書では,「第一象限」や「第二象限」に位置づく実践者について, 十分な事例検討が行えておらず, これは, 本書における残された課題である[9)].

また,〈よりそう支援〉に取り組む実践家を養成する具体的な教育カリキュラムについても本書では十分に分析することができなかった. 本書で明らかとなった〈よりそう支援〉の特徴を踏まえ, このような視点を身につけていくための養成プロセスについても今後さらに検討を進めていきたい. その際, 大学教育における専門家養成プロセスだけに止まらず, 福祉実践の現場に従事するものの卒後教育や, 現任教育の充実も視野に入れて検討していきたい.

注

1) このような近代化, 専門化, 高度化が私たちの社会にもたらす不具合について, 夏目漱石が「機能化が高度に進む今日のような管理社会に対する予言的警告」をしていたと述べるのは文芸評論家の瀬沼茂樹である. 漱石は, 明治44年に明石で行われた「道楽と職業」という講演において,「職業は開化が進むにつれて非常に多くなっている」(夏目, 1978 : 16) とし,「私の見る所によると職業の分化錯綜から我々の受ける影響は種々ある (中略) 開化の潮流が進めば進むほど, また職業の性質が分かれれば分かれるほど, 我々は片輪な人間になってしまう」(夏目, 1978 : 23) と述べている.「社会が進化発展するに従って, 職業の分化錯綜が進み, それにつれて職業の専門化と局部化とが高度になってくる. この職業分化が, その性質を専門化や機能化する結果, そこに働く人間を不具化し, 孤立化することを漱石は指摘する」(瀬沼, 1978 : 160).

2) ただし, オープンダイアローグの場合は, 本人との面談の前には家族や, 周囲の支援者と一切事前打ち合わせをしないというので, 事前に母親から状況を聞いている点においては異なっている.

3) ここでは, 荒井のいう「ソーシャルワーカー」を, 本書で意味するところの従来の福祉専門家として捉える.

4）　このような状況について稲葉は，「1990年代後半から2000年代初頭にかけて都市部でホームレス問題が深刻化したのは，生活保護行政が適切に機能しなかった影響も大きい」と述べる．

5）　2006年，日本弁護士連合会は人権擁護大会で決議を行い，「生存権を保障する憲法25条の理念を実務の中で現実化していくことは，人権用語をその使命とする弁護士に課せられた責務である．しかし，これまで，生活保護の申請，ホームレス問題等の生活困窮者支援の分野における弁護士及び弁護士会の取り組みは不十分であったといわざるを得ない」とその反省の弁を表明し，今後は「生活困窮者支援に向けて全力を尽くす」と決意表明している．

6）　離職者を対象に，一定期間家賃の補助と求職支援を行う制度．

7）　稲葉は，「『仕事と住まいを一気に失う』という突発的な事態に対するセーフティネットは一定程度整備されたが，住宅手当は，働きながらネットカフェ等に暮らしているワーキングプアは離職しない限り対象にならない等，『もともと貧困状態にある人』への支援は後回しにされた」とその問題点も指摘している．

8）　たとえば，省察的実践では「状況との省察的な対話」によって当事者が置かれている状況を把握，共有していたが，これはソーシャルワークの手法としてすでに確立しているものであり，ソーシャルワーク理論を構築してきたリッチモンドやハミルトン，パールマンやホリスなどが「状況（環境）の中の人」という概念を用いて，各々の時代性によってその主張の論点に微妙な違いはあるにせよ，いずれも科学的体系化をめざし，長年に渡って人と環境の両方を視野に入れた対象把握のあり方を模索してきたということからもわかる．

9）　たとえば，〈よりそう支援〉は「ゆらぎを肯定する」実践家であったが，「ゆらぎ」ということに着目して従来のソーシャルワーカーらとの実践の比較をすることも可能なのではないかと考える．つまり，〈よりそう支援〉に取り組む実践家と，従来のソーシャルワーカーらのゆらぎは「質が異なる」のではないかということである．たとえば，〈よりそう支援〉に取り組む実践家らは，問題解決のための社会資源をなんら持ち合わせていないことによって，当事者と一緒に試行錯誤という「ゆらぎながら」の状況把握に取り組む．資源を持ちえていないので，一緒にゆらぐしかないとも言えるかもしれない．他方，ソーシャルワーカーは，資源があること，また倫理綱領という専門家としての規定があるからこそ，それらとの間に専門家としての自身を置かれて，ジレンマを感じることでゆらぎの状況が生じているのではないかと考える．つまり，同じ「ゆらぎ」という行為ではあるが，その背景にあるものや，質は異なるものであると捉える．〈よりそう支援〉をソーシャルワークの方法論的にみると，それはこれまでに構築されてきたソーシャルワーク理論と大差のないものと言えよう．しかし，〈よりそう支援〉が有する社会への機能という面においては，先の節でも述べたように，政策主体へ訴えかける新たな道筋を社会に対して示すという点において，その独自性を有しているものであると考える．

あとがき

本書は，2019年９月に立命館大学大学院社会学研究科に提出をした博士論文『地域福祉実践が内包する〈よりそう支援〉の構造分析による実践家モデルに関する研究——ドナルド・ショーンの「省察的実践者（Reflective Practice）」を手がかりに——』を加筆・修正したものである．

さて，博士論文を提出後，社会のありよう，そして本書がテーマとしてきた地域支援の場面は大きな変化を余儀なくされることとなった．それは，いうまでもなく，新型コロナウイルスによるパンデミックである．

新型コロナウイルスによるパンデミックは，私たちの暮らしのありようを一変させた．とくに，このパンデミックは，私たちの生きる社会に対して，人と人との関わり，人と社会との関わり，誰かが誰かを「ケアする」ということを身近に感じさせるきっかけともなった．たとえば，この状況は，エッセンシャルワーカーによって支えられている私たちの暮らし，他者によって支えられる私たちの暮らし，相互に依存しあいながら作られている社会を可視化した．同時に，これまでの私たちの社会が，ケアしたり／ケアされたりという行為を軽んじてきたことも浮きぼりにした．

「ケアする」という局面において，大きな変容をもたらしたこのパンデミックであるが，本書をお読みいただければわかるよう，コロナ禍が本書がテーマとした〈よりそう支援〉にどのように影響を与えたのか／与えなかったのかということについては，筆者の力が及ばず，十分に分析をすることができなかった．しかし，本書第３章の事例１でとりあげたコミュニティハウスＨのＡ氏にコロナ禍において伺ったお話のなかに，コロナを経験した私たちの社会が目指すこれからの〈よりそう支援〉のヒントがあるように思うので，ここで紹介をしたい．

コロナ禍はコミュニティハウスＨの実践にも少なからず影響を与えた．2020年４月，全国に緊急事態宣言が発出された際，それまで「コロナだからと言って特別なことは何もしていなかった」と言うＡ氏も「このまま実践を続けていてもいいのだろうか」と活動を継続することを悩んだという．それは，「もし万が一，ここでクラスターが発生するようなことがあれば，近隣の人たちに迷惑がかかってしまうのではないか」ということが一番の懸念だったという．その一方で，「誰でもきていいよ．誰も排除しない」と実践を続けてきたコミュニティハウスHが，多くの人が先の見えない不安を抱えているこのような状況のもと，この場所を閉めてしまっていいのだろうかとも悩んだそうだ．結局，答えの出ないままに，A氏は子どもたちに「ここを閉めることはしない．自分は毎日ここにいる．ただ，実際のところはこれでいいのかどうか悩んでいる」と自分の悩んでいる思いも正直に，ありのままを話したという．そうすると，翌日からほとんどの子どもたちがコミュニティハウスHに通ってくることを止めたというのだ．この事態をA氏は「想定外だった」と振り返る．子どもたちは「もし，ここでクラスターが出たら，Aさんが困るだろうし．それよりも，そんなこと（クラスターが発生して）この場所がなくなったら困る」とその当時語っていたという．緊急事態宣言下では，コミュニティハウスHに通ってくる子どもたちはほとんどいなかったが，その時期，LINEや電話などを通じて連絡は取り合えっていたという．A氏はこの一連の出来事を通して，「この場所を作っているのは，ここにきている子どもたちで，自分はその子たちによって作られているんだな」と感じたという．まさに，ケアしたり／ケアされたりという関係が生み出される瞬間である．

他方，コロナ禍で初めてA氏のもとを訪れる人も増えている．それは，コロナ禍が影響して職と住まいを失った人や，家庭の中で何らかの問題を抱えている人たちであった．そして，そのほとんどの人が，コロナになる前から何らかの形でコミュニティハウスHの活動について知っていた人たちだという．つまり，コロナ以前から何らかの問題を認識していたが，それでもコミュニティハウスHに直接は繋がっていなかった人たちが，限界点を超えてこの場を訪れていたのである．このような状況をA氏は「コロナがいろんな問題を浮きぼりにしたということなんだと思う」と認識する．

A氏はまた，「コロナだから何か特別なことがあるわけじゃない」と今の状況を振り返る．コロナは確かに大変なことだけど，と前置きをした上で，「自分にとっては，コロナも台風や大雪と同じ災害の一つ．困っていることに変わりはない」という．つまり，コロナだからコミュニティハウスＨを必要とするような問題が突然発生するわけではないということだ．コミュニティハウスＨにやってくる子どもたちは，学校や家庭でなんとなく居心地が悪く，居場所を得ることができないでいる．新型コロナウイルスによるパンデミックは，そのことを可視化するきっかけの一つになったに過ぎないというのである．もちろん，先に述べたように，コロナ禍で初めてコミュニティハウスＨを訪れた人もいるが，その人たちもコロナによって問題が生じたわけではなく，それ以前もその問題は存在していて，でもなんとかギリギリの状態で均衡を保って持ちこたえていたものが限界を迎えたということに過ぎないのである．

新型コロナウイルスによるパンデミックを経験したこれからの私たちの社会は，このケアしたり／ケアされたりという関係性をどのように捉えながら，また内包しながら社会を構築していくのだろうか．また，ケアしたり／ケアされたりを軽んじない社会とは，どのような社会なのだろうか．今後も引き続き，自己と他者の関係性としての「ケアすること」を基軸にしたコミュニティのあり方について研究を重ねていきたい．

本書は先の述べた通り，筆者の博士論文をもとにして刊行させていただいた．研究者としても，教育者としても，また人間としても未熟な私が，今回このような形で本書を刊行することができたのは，ひとえにこれまで根気強くご指導くださった津止正敏先生のおかげである．常に実践を通して，そこにいる人たちの声に耳を傾け，そこから社会の様相を紐解いてく姿は，まさに〈よりそう支援〉に取り組む省察的実践者であり，私の理想とする省察的研究者である．津止先生の興味関心の広さと深さにはいつも驚かされるばかりであるが，少しでも先生に追いつけるよう，これからも精進したい．

また，副査としてご指導いただいた生田正幸先生，秋葉武先生にもこの場を借りてお礼を申し上げたい．学部生時代から決して褒められた学生ではなかった私に，研究者として進む道筋を作っていただいた生田先生，地域実践の面白さを教えてくださった秋葉先生，長年にわたるお二人からのご指導がなければ，今の私は無かったとはっきりと言い切ることができる．

そして，博士論文の完成を報告することが叶わなかった佐々木嬉代三先生にも感謝を伝えたい．佐々木先生は，いつもどんな時でも，愛嬌ある皮肉たっぷりに応援してくださった．最後にお会いしたとき，お身体は相当辛かったはずなのに「頑張りなさい」と握手してくださった手の力強さと，温かさを忘れることなく，これからも研究者として歩んでいきたい．

このように，あらためて振り返るまでもなく，今日の私があるのは，これまで出会ってくださった多くの人たちの支えがあったからだ．ともに学び，問い続けることの楽しさを共有してくださっている研究仲間のみなさん，現場の面白さや大変さを教えてくださる実践者のみなさん，そして，ともすると目まぐるしさに忙殺されそうになる日々の中で，楽しく研究と教育をともにしてくださる大谷大学の同僚の先生方．すべての方のお名前をここにあげることができないのが大変心苦しいが，みなさんにはどれほど感謝しても足りないほどである．

また，本書の刊行にあたっては，晃洋書房の西村喜夫さんには大変ご迷惑をおかけしてしまった．さまざまにご尽力いただいたことに感謝申し上げたい．

最後に，いつもどんな時も，温かく受け入れてくれる家族に最大の感謝を伝えたいと思う．

なお，本書の出版にあたっては，「大谷大学2021年度学術刊行物出版助成」による助成を受けていることを記しておく．

2022年１月

大原ゆい

引用・参考文献

相沢与一「戦後日本の国民生活の社会化――その諸矛盾と対抗の展開――」江口英一・相沢与一編著『現代の生活と「社会化」』第1章I，労働旬報社，1986年，14-75頁．
青田泰明「不登校現象の過程要因に対する一考察「学校への意味付け」に関わる文化的再生産」『慶応義塾大学大学院社会学研究科紀要』60，2005年，29-42頁．
秋山智久『社会福祉専門職の研究』ミネルヴァ書房，2007年．
――――「社会福祉と宗教――実践の一つの源泉――」『学苑・人間社会学部紀要』832，2010年2月，66-77頁．
朝日新聞「ひきこもる子は47歳．このままでは共倒れ」2017年12月30日．
荒井浩道「ソーシャルワーカーに専門性は必要か？」木下大生ら編著『ソーシャルワーカーのジリツ――自立・自律・而立したワーカーを目指すソーシャルワーク実践――』，生活書院，2015年．
新井康友「泉北ニュータウンにおける孤独死・孤立の実態」『賃金と社会保障』1517，2010年，15-22頁．
粟谷とし子・吾郷ゆかり「訪問看護の専門性を支える経験についての一考察――熟練訪問看護師へのインタビューより――」『島根県立大学短期大学部研究紀要』5，2011年，111-122頁．
飯島裕子・ビッグイシュー基金『ルポ若者ホームレス』筑摩書房〔ちくま新書〕，2011年．
生田周二「子ども・若者支援専門職に関わる研究プロジェクトの経緯と到達点――子ども・若者支援の領域と「社会教育的支援」――」『次世代教員養成センター研究紀要』(3)，2017年，163-168頁．
石倉篤・中田行重「学校の授業におけるスクールカウンセラーが行う心理教育の今日的課題」『関西大学心理臨床センター紀要』7，2016年，57-66頁．
石倉康次「社会福祉事業の場の再構築と社会福祉事業体」石倉康次・玉置弘道編『講座21世紀の社会福祉第4巻　転換期の社会福祉事業と経営』かもがわ出版，2002年．
伊集院要『ばっちゃん――子どもたちの居場所．広島のマザー・テレサ――』扶桑社，2017年．
一番ケ瀬康子『アメリカ社会福祉発達史』光生館，1963年．
一番ケ瀬康子・河合幸尾「日本における社会福祉の展開」一番ケ瀬康子・高島進編『講座社会福祉2　社会福祉の歴史』有斐閣，1981年．
伊藤文人「ソーシャルワーク・マニフェスト――イギリスにおけるラディカル・ソーシャル

ワーク実践の一系譜――」『日本福祉大学社会福祉論集』(116), 2007年3月, 161-176頁.

伊藤淑子『社会福祉職発達史研究――米英日三カ国比較による検討――』ドメス出版, 1996年.

稲月亘「生活困窮者への伴走型支援――福岡市におけるパーソナルサポート・モデル事業の成果と課題――」『社会分析』(43), 2016年, 131-138頁.

稲葉剛『貧困の現場から社会を変える』堀之内書店, 2016年.

――――「年越し派遣村10年. 今考える成果と限界」WEBRONZA (https://webronza.asahi.com/ 最終閲覧日：2019年2月22日).

岩田光宏「ひきこもり当事者によるピア活動を目的としたひきこもりサポーター養成派遣事業――「堺市ユース・ピアサポーター」養成派遣事業の取り組みについて――」『日本公衆衛生雑誌』64(12), 2017年, 727-733頁.

岩間信之「生活困窮者自立相談支援事業の理念とこれからの課題――地域に新しい相談支援のかたちを創造する――」『都市問題』106(8), 2015年, 60-68頁.

――――「地域を基盤としたソーシャルワークの特質と機能――個と地域の一体的支援の展開に向けて――」『ソーシャルワーク研究』37(1), 2011年, 4-19頁.

上田智子・上原英正・加藤佳子・志水暎子・伊藤和子・森扶由彦・木下寿恵・藤原秀子・川角真弓「孤独死（孤立死）の定義と関連する要因の検証及び思想的考究と今後の課題」『名古屋経営短期大学紀要』51, 2010年, 109-131頁.

内田充範「生活保護自立支援プログラムが構想した自立の三類型――釧路モデルを基盤とした総合的・継続的・寄り添い型支援への展開――」『山口県立大学学術情報』11, 2018年, 99-109頁.

NPO 法人抱樸『会報おんなじいのち』第22号, 2018年.

大西信行, 萩典子, 児屋野仁美「地域若者サポートステーションの取り組み――若者無業者に対するストレス対処講座の実施報告――」『四日市看護医療大学紀要』7(1), 2014年, 57-61頁.

大原ゆい「社会福祉実習の定量的把握のための試行――社会福祉実習記録の分析から――」『福祉情報研究』(13), 2017年, 22-33頁.

――――「社会福祉実習の定量的把握――テキストマイニングを活用した高齢福祉分野の記録解析から――」『福祉情報研究』(11), 2015年, 1-13頁.

――――「福祉・医療領域の専門職養成教育に関する一考察――実習評価票の比較を通して――」『福祉社会研究』(13), 2013年, 83-100頁.

――――「社会福祉実習記録の自由記述文分析による実習の効果と成果の客観的把握の試み――体験としての実習の成果と実習教育の効果の側面から――」『福祉情報研究』(4),

2007年，4-20頁.
大森泰人「金融と経済と人間と「ミッシングワーカー」」『金融財政事情』69(24)，2018年，51頁.
岡知史「セルフヘルプグループの援助特性について」『上智大学社会福祉研究』1994年，1-19頁.
岡檀『生き心地の良い町 この自殺率の低さには理由（わけ）がある』講談社，2013年.
————「生き心地の良い地域づくりを考える——日本で最も自殺の少ない町の調査から——」『所報協同の発見』(295)，2017年，44-52頁.
岡野敦子・岡野高明「登校拒否児の家族危機状況の背景に関する実態調査」『小児の精神と神経』30，1990年，3-13頁.
岡部卓「生活困窮者自立支援制度をどうみるか——事業の観点から——」『都市問題』106(8)，2015年，44-51頁.
岡本眞理子「オープンダイアローグのエッセンスを取り入れた 教育現場での実践」『ブリーフサイコセラピー研究』26(2)，2017年，61-63頁.
岡本民夫「日本におけるソーシャルワークの理論と実践」岡本民夫監修『ソーシャルワークの理論と実践——その循環的発展を目指して——』中央法規出版，2016年.
————「社会福祉専門性・専門職制度をめぐる背景と課題」『社会福祉研究』(66)，1996年，107-113頁.
奥田浩二「ホームレス状態にある市民を理解し支援するために」『ホームレスと社会』3，2010年，90-95頁.
奥田知志・稲月正・垣田裕介・堤圭史朗『生活困窮者への伴走型支援——経済的困窮と社会的孤立に対応するトータルサポート——』明石書店，2014年.
奥田知志・茂木健一郎『「助けて」と言える国へ——人と社会をつなぐ——』集英社〔集英社新書〕，2013年.
尾崎慶太・山田一隆「社会福祉実習前教育としてのサービスラーニングの検討」『関西国際大学研究紀要』(17)，2016年，23-39頁.
柏木智子「子どもの貧困問題に取り組むケアする教員の葛藤と対処様式——教職アイデンティティ確保のための学校経営戦略——」『学校経営研究』43，2018年，40-54頁.
————「「子ども食堂」を通じて醸成されるつながりの意義と今後の課題」『立命館産業社会論集』53(3)，2017年，43-63頁.
梶原荘平・佐藤万比古・樋口重典・松崎淳人「身体症状および精神症状を有する不登校において関連の強い因子」『子どもの心とからだ』18(1)，2009年，108-116頁.
加藤由衣「スクールソーシャルワークにおける省察的実践の意義——省察的実践の特性分析から——」『高知県立大学紀要』65，2016年，43-57頁.

門田光司「不登校児の母親へのグループワーク実践」『社会福祉学』45(2)，2004年，81-90頁．
金子充『入門貧困論　ささえあう／たすけあう社会をつくるために』明石書店，2017年．
加納恵子「排除型社会と過剰包摂――寄り添い型支援事業の地域福祉的意味――」『地域福祉研究』41，2013年，52-62頁．
加美嘉史「京都市における「ホームレス」対策の始動と展開――1990年代～2000年代を中心に――」『佛教大学総合研究所協働研究成果報告論文集』(5)，2017年，19-38頁．
河合克義『大都市のひとり暮らし高齢者と社会的孤立』法律文化社，2009年．
川北雄一郎「認知症の人にやさしいまちの実現に向けて――早期発見・早期対応のシステムづくりについて――」『人間福祉学研究』9(1)，2016年，53-66頁．
川田美和「未来語りのダイアローグの実際と意義――「対話」のもつ力――」『看護研究』51(2)，2018年，112-121頁．
北山佐和子「家庭内役割を担う子どもたちの現状と課題――ヤングケアラー実態調査から――」『兵庫教育大学大学院学校教育研究科2011年度修士論文』2011年．
京極高宣「社会福祉士の専門性に関する資料」『社会事業研究所年報』23，1987年．
草野智洋「ひきこもり地域支援センターにおけるひきこもり支援の現状と課題」『静岡福祉大学紀要』(10)，2014年，25-32頁．
工藤啓・西田亮介『無業社会――働くことができない若者たちの未来――』朝日新聞出版〔朝日新書〕，2014年．
久保恵理子「スウェーデン・日本における認知症高齢者の家族介護者支援に関する比較研究――支援者の家族視点に注目して――」『大阪大学大学院人間研究科紀要』44，2018年，147-165頁．
窪田暁子「戦後再建時の遺産と課題」『人文学報』179，1985年，129-163頁．
訓覇法子「本書が日本で読まれることの意義について」イアン・ファーガスン『ソーシャルワークの復権――新自由主義への挑戦と社会正義の確立――』石倉康次・市井吉興監訳，クリエイツかもがわ，2012年，256-263頁．
黒木利克・仲村優一「社会福祉主事誕生前夜」『生活保護三十年史』社会福祉調査会，1981年，162-163頁．
厚生労働省「ホームレスの実態に関する全国調査（生活実態調査）」2017年．
――――「ひきこもりの評価・支援に関するガイドライン」2010年．
髙良麻子『日本におけるソーシャルアクションの実践モデル「制度からの排除」への対処』中央法規出版，2017年．
國分功一郎『中動態の世界――意志と責任の考古学――』医学書院，2017年．
古志めぐみ・青木紀久代「ひきこもり状態にある本人を対象とした研究の動向と課題」『お

茶の水女子大学心理臨床相談センター紀要』(19), 2017年, 13-23頁.
小玉亮子「『子どもの視点』による社会学は可能か」『岩波講座現代社会学12 こどもと教育の社会学』井上他編, 岩波書店, 1996年, 191-208頁.
こどもの里『2016年度事業報告書』.
西城卓也・伴信太郎「内科指導医に役立つ教育理論」『日本内科学会雑誌』100(7), 2011年, 1987-1993頁.
斎藤環『オープンダイアローグとは何か』医学書院, 2015年.
――――『社会的ひきこもり――終わらない思春期――』PHP 研究所〔PHP 新書〕, 1998年.
――――「ひきこもりと自己受容・自己肯定感の臨床」『臨床精神医学』45(7), 2016年, 889-894頁.
斎藤真緒「男性介護者の介護実態と支援の課題――男性介護ネット第1回会員調査から――」『立命館産業社會論集』47(3), 2011年, 111-127頁.
坂下玲子「看護学における「開かれた対話」」『看護研究』51(2), 2018年, 98-103頁.
坂本毅啓「子どもの貧困対策としての学習支援の展開と政策的課題――保護者を含めた世帯全体への支援の重要性――」『医療福祉政策研究』1(1), 2018年, 41-54頁.
佐藤友美・吉田留美・中西敏子・川野京子・増井玲子「施設入所中の若年性認知症の人が認知症カフェに外出することの有効性の検討」『日本認知症ケア学会誌』15(2), 2016年, 513-521頁.
佐藤みゆき・遠山萌「刑務所出所者の地域生活支援に関わる考察――障害者の地域移行支援を参考にした対応策――」『名寄市立大学社会福祉学科研究紀要』(6), 2017年, 19-31頁.
真田是「社会福祉の対象」『真田是著作集第3巻 社会福祉論』総合社会研究所編, 有限会社ふくしのひろば, 2012年.
――――『社会福祉の今日と明日』かもがわ出版, 1995年.
――――『現代の社会福祉理論』労働旬報社, 1994年.
――――『地域福祉の原動力――住民主体論争の30年――』かもがわ出版, 1992年.
――――『現代社会問題の理論』青木書店, 1978年.
――――『社会福祉労働――労働と技術の発展のために――』法律文化社, 1975年.
鮫島輝美『生きづらさに寄り添う〈支援〉医療・看護・介護におけるグループ・ダイナミックス的アプローチ』ナカニシヤ出版, 2018年.
柴崎智恵子「家族ケアを担う児童の生活に関する基礎調査――イギリスの“Young Carers”調査報告書を中心に――」田園調布学園大学『人間福祉研究』8, 2005年, 125-42頁.
柴田悠「自殺率に対する積極的労働市場政策の効果」『社会学評論』65(1), 2014年, 116-

133頁.
柴裕子・宮良淳子「不登校になるまでの当事者の状況に関する研究の動向と課題」『中京学院大学看護学部紀要』5(1), 2015年, 103-112頁.
澁谷智子『ヤングケアラー――介護を担う子ども・若者の現実――』中央公論新社〔中公新書〕, 2018年.
――――「子どもがケアを担うとき――ヤングケアラーになった人／ならなかった人の語りと理論的考察――」『理論と動態』5, 2012年, 2-23頁.
社会保障運動史編集委員会編『社会保障運動全史』労働旬報社, 1982年.
社団法人日本社会福祉士養成校協会編『相談援助実習指導者・現場実習教員テキスト』中央法規出版, 2009年.
白波瀬達也『貧困と地域』中央公論新社〔中公新書〕, 2017年.
末木新「インターネット上での自殺報道の現状―― Google News を対象とした報道内容の分析――」『こころの健康――日本精神衛生学会誌――』26(1), 2011年, 60-66頁.
鈴木政史「刑務所における就労支援と地域定着に向けた刑務所出所後支援プログラム」『静岡福祉大学紀要』(11), 2015年, 79-86頁.
総務省「労働力調査」2018年.
――――「平成29年就業構造基本調査」2018年.
高見国生「介護家族を支える」上野千鶴子ほか編『家族のケア　家族へのケア』岩波書店, 2008年, 121-122頁.
高見国生・天田城介「認知症の時代の家族の会」『現代思想』43(6), 2015年, 74-95頁.
竹島正・山内貴史「地域が若年層の自殺とどう向き合うか――地域に求められる取り組みとは――」『月刊地域医学』27(6), 2013年, 483-486頁.
竹林洋一・上野秀樹・石川翔吾「人工知能技術が紐解くコミュニケーション・ケア 認知症ケアを高度化する「見立て」と「学びの環境」」『総合診療』27(5), 2017年, 615-620頁.
田子一民『社会事業（復刻版）』, 日本図書センター, 1996年.
田添貴行「ひきこもり当事者・経験者のセルフヘルプグループにおける経験と回復について」『人文』(15), 2016年, 99-113頁.
――――「ひきこもり当事者・経験者のつながりに関する研究――個人と社会の間における中間的共同体に着目して――」『学習院大学人文科学論集』(24), 2015年, 161-173頁.
田中尚「地域若者サポートステーションの課題」『岩手県立大学社会福祉学部紀要』16, 2014年, 59-65頁.
種村文孝「法律専門職と市民にとっての裁判員制度」『journal of lifelong education field studies』3, 2015年, 83-88頁.
田山淳「中学生における登校行動とバウムテストの関連について」『心身医学』48(12),

2008年，1033-1041頁.
男性介護者と支援者の全国ネットワーク「2017年度総会資料」2018年３月.
近澤範子「未来語りのダイアローグが生み出す支援者とチームの力――学びを通して実践の可能性を考える――」『看護研究』51(2)，2018年，139-146頁.
長寿社会開発センター「居宅介護支援事業と介護支援専門員業務の実態に関する調査」2001年.
土屋葉「障害の傍で―― ALS患者を親にもつ子どもの経験――」『障害学研究』２，2006年，99-123頁.
――――「名付けられぬものとしての「介助」」三井さよ・鈴木智之編著『ケアのリアリティ――境界を問い直す――』法政大学出版，2012年.
津止正敏・斉藤真緒・桜井政成『ボランティアの臨床社会学　あいまいさに潜む「未来」』クリエイツかもがわ，2009年.
津止正敏「わが国の認知症施策の未来⒄家族介護者を支援する――支援の根拠と枠組み――」『老年精神医学雑誌』28(8)，2017年，918-927頁.
――――「仕事と介護の両立を考える――「ながら」介護の実態から――」『個人金融』13(1)，2018年，44-52頁.
土岐玲奈「多様な教育機会の確保と学習権保障」『千葉大学教育学部研究紀要』65，2017年，119-12頁.
土井隆義「生活満足度と逸脱行動――少年犯罪と自殺の推移から考える――」『現代の社会病理』(30)，2015年，1-17頁.
特定非営利活動法人KHJ全国ひきこもり家族会連合会「ひきこもりの実態に関するアンケート調査報告書」2020年３月.
――――「ひきこもりの実態に関するアンケート調査報告書」2018年３月.
中尾治子「在宅介護における医療・福祉の連携――介護殺人の事例をてがかりとして――」『名古屋経営短期大学紀要』54，2013年，1-12頁.
長井真理『内省の構造』岩波書店，1991年.
中根憲一「矯正医療の現状と課題」『レファレンス』57(9)，2007年，95-106頁.
中野加奈子「ホームレス状態に陥った知的障害者のライフコース研究」『社会福祉学研究科篇』(41)，2013年，33-44頁.
中本忠子『あんた，ご飯食うたん？子どもの心を開く大人の向き合い方』カンゼン，2017年.
中山慎吾・福崎千鶴「認知症家族介護者への電話相談の効用と可能性」『鹿児島国際大学社会学部論集』33(1)，2014年，38-46頁.
生江孝之『社会事業要綱』巌松堂，1929年.
西田亮介「無業社会の問題系」『学術の動向』20(9)，2015年，38-43頁.

西元祥雄「ひきこもり支援におけるケアマネジメント・プログラム導入の検討——ひきこもり地域支援センターの実態調査を踏まえて——」『社会福祉学』52(4)，2012年，80-91頁．

日本社会福祉教育学校連盟近畿ブロック支部・日本社会福祉士養成校協会近畿ブロック「社会福祉士新カリキュラムにおける相談援助実習に関する調査結果」『合同研究会資料』2011年．

日本社会福祉士会編『社会福祉士実習指導者テキスト』中央法規出版，2008年．

野口裕二「他職種連携の新しいかたち——オープンダイアローグからの示唆——」『こころの科学——対話がひらくこころの多職種連携——』日本評論社，2018年，2-8頁．

野口由紀子「近代社会と社会福祉」『現代社会と福祉』第2章3，児島亜紀子・伊藤文人・坂本毅啓編，東山書房，2015年，52-74頁．

野尻紀恵・川島ゆり子「貧困の中に育つ子どもを支える 連携支援プロセスの視覚化——SSWとCSWの学び合いプロセスを中心として——」『日本福祉教育・ボランティア学習学会研究紀要』26（0），2018年，15-26頁．

野村俊明「高齢者の反社会的行動をめぐって——高齢受刑者の増加問題を中心に——」『老年精神医学雑誌』28(11)，2017年，1193-1199頁．

萩原清子「いま，なぜ高齢者の孤立が問題か—— ALONE状態の検討を中心に——」『関東学院大学文学部紀要』100，2003年，81-99頁．

長谷川俊雄「「社会的ひきこもり」問題の生活問題としての位置づけと課題」『社会福祉学』48(2)，2007年．

長谷川真司・高石豪・岡村英雄・中野いく子・草平武志「多職種・他機関連携による触法高齢者・障害者の地域生活支援の現状と課題—— A県B地域生活支援センターの事例から——」『社会福祉学部紀要』山口県立大学学術情報(9)2016年，125-133頁．

濱崎由紀子・ニコラ・タジャン「ひきこもり研究から見える現代日本社会の病理」『京都女子大学現代社会研究』20，2018年，37-49頁．

樋口恵子「二〇五〇年のにっぽん——幸せな超高齢社会のために——」『2050年の超高齢社会のコミュニティ構想』岩波書店，2015年．

久常良・津止正敏「地域福祉における公的責任の民間性のもつ役割」『福井県立大学看護短期大学部論集』(7)，1998年，163-174頁．

日向市「日向市子どもの未来応援推進計画」2017年．

日和恭世「ソーシャルワークにおけるreflection（省察）の概念に関する一考察」『別府大学紀要』(56)，2015年，87-97頁．

日和恭世「ソーシャルワーカーの実践観に関する一考察——テキストマイニングによる分析をもとに——」『別府大学紀要』(55)，2014年，73-83頁．

布川日佐史「生活困窮者自立支援法」吉永純・布川日佐史・加美嘉史編著『現代の貧困と公的扶助』，高菅出版，2016年.
福崎千鶴・中山慎吾「認知症の人と家族の会の介護者支援における対面的相互効果」『鹿児島国際大学大学院学術論集』6，2014年，55-60頁.
福祉新聞「「ソーシャルワーク教育は失敗」『下流老人』著者の藤田氏が持論」2015年11月18日.
毎日新聞「多様化する貧困　路上生活減り「ビッグイシュー」部数減」2018年7月4日.
――――「刑務所　受刑者1300人に認知症傾向か　対応に苦慮」2018年1月16日.
――――「路上生活者――心の病深刻　失業，就職難が原因に　東京・池袋，医師ら80人調査――」2009年9月2日.
前川幸子「看護教育におけるショーンの提起の重要性」『看護教育』58(12)，2017年，988-993頁.
増田彰則・山中隆夫・武井美智子・平川忠敏・志村正子・古賀靖之・鄭忠和「家族機能が学校適応と思春期の精神面に及ぼす影響について」『心身医学』44(12)，2004年，903-909頁.
松繁卓哉「Lay Expert（素人専門家）の制度化をめぐって――英国 Expert Patient Programme に見るジレンマ――」『年報社会学論集2007』(20)，2007年，108-118頁.
松永美弥「刑務所内の福祉支援の現状と課題」『社会福祉研究』(131)，2018年，38-46頁
三品陽平『省察的実践は教育組織を変革するか』ミネルヴァ書房，2017年.
――――「反省的実践家養成のための省察的実習論の再検討――行為理論セミナーの必要性――」『日本教師教育学会年報』21，2012年，11-20頁.
三島亜紀子『社会福祉学の〈科学〉性――ソーシャルワーカーは専門職か？――』勁草書房，2007年.
――――『社会福祉学は「社会」をどう捉えてきたのか――ソーシャルワークのグローバル定義における専門職像――』勁草書房，2017年.
三井さよ『はじめてのケア論』有斐閣，2018年.
三富紀敬『イギリスの在宅介護者』ミネルヴァ書房，2000年.
――――『イギリスのコミュニティケアと介護者――介護者支援の国際的展開――』ミネルヴァ書房，2008年.
――――『欧米の介護保障と介護者支援――家族政策と社会的包摂，福祉国家類型論――』ミネルヴァ書房，2010年.
宮田隼「まるごと支援」における福祉専門職のあり方――「支援しない支援」の現場から――」『社会福祉研究』(132)，2018年，62-69頁.
――――「場所があって，人が来る――「コミュニティハウスひとのま」の6年――」『暮

らしと教育をつなぐWe』(211), 2017年, 27-32頁.
宮本みち子「若者の移行期政策と社会学の可能性「フリーター」「ニート」から「社会的排除」へ」『社会学評論』66(2), 2015年, 204-223頁.
宮元預羽「介護殺人事件の被害者加害者の行動特徴より防止策を検討する――115件の新聞記事より――」『長崎短期大学研究紀要』(28), 2016年, 71-77頁.
室田保夫編著『人物で読む近代日本社会福祉のあゆみ』ミネルヴァ書房, 2006年.
命婦恭子・向笠章子・津田彰「中学生の遅刻への学校ストレスの影響――学年と性別による比較検討――」『子どもの健康科学』10(2), 2010年, 19-28頁.
森川すいめい「オープンダイアローグに学ぶ「安心して話せる場」をつくる意味」『ケアマネージャー』20(4), 2018年, 72-79頁.
――――『その島の人たちは人の話を聞かない――精神科医,「自殺希少地域」を行く――』青土社, 2016年.
森川すいめい・上原里程・奥田浩二・清水裕子・中村好一「東京都の一地区におけるホームレスの精神疾患有病率」『日本公衛誌』58(5), 2011年, 331-339頁.
森田久美子「メンタルヘルス問題の親を持つ子どもの経験――不安障害の親をケアする青年のライフストーリー――」『立正社会福祉研究』12(1), 2010年, 1-10頁.
文部科学省「不登校に関する実態調査」2014年.
山下英三郎「学校を基盤としたソーシャルワークの可能性について」『国際社会福祉情報』(22), 1998年, 50-58頁.
山田耕司「ホームレス状態となった知的障がい者支援の現場から見えてきたもの――北九州における取組みについて――」『ホームレスと社会』1, 2009年, 92-101頁.
山田昌弘『底辺への競争――格差放置社会ニッポンの末路――』朝日新聞出版〔朝日新書〕, 2017年.
山本譲司「刑務所内に見る　日本の社会――福祉の代替施設と化す矯正施設――」『甲南法学』51(1), 2010年, 1-37頁.
山本理絵「小学生の心身の健康状態に関する調査研究　不登校意識との関連を中心に」『人間発達学研究』1, 2010年, 7-52頁.
湯浅晃三「生活問題ととりくむ福祉労働」『部落』33(8), 1982年, 30-39頁.
――――「今日の生活問題と公的扶助の課題」『現代の貧困と公的扶助行政』第12章, 小野哲郎・白沢久一・湯浅晃三監修, 杉村宏・河合幸尾・中川健太朗・湯浅幸三編著, ミネルヴァ書房, 1997年, 289-305頁.
湯浅誠『反貧困“すべり台社会”からの脱出』岩波書店〔岩波新書〕, 2008年.
――――「講演3――パーソナル・サポート制度検討の背景若者問題への接近――自立への経路の今日的あり方をさぐる 第47回労働政策フォーラム」2010年7月3日.

湯原悦子「介護殺人事件から見出せる介護者支援の必要性」『日本福祉大学社会福祉論集』(134)，2016年，9-30頁．

――――「介護殺人事件の裁判における社会福祉専門職の関与に関する研究」『社会福祉学』56(1)，2015年，116-127頁．

湯口雅史「反省的実践を内容にもつ教育実習の提案――「参加型教育実習」カリキュラムの可能性――」『鳴門教育大学研究紀要』30，2015年，367-377頁．

吉田久一・一番ヶ瀬康子編『昭和社会事業史への証言』ドメス出版，1982年．

吉永純・衛藤晃・沼田崇子・渡辺潤「全国セミナーは，いつの時代もケースワーカーの灯台――第50回を迎えた，全国セミナーを振り返って――」『公的扶助研究』(248)，2018年，16-24頁．

読売新聞「孤立しがちな男性介護者……悲劇を生まないためには」2017年1月16日．

Austin, D. M. (1983) "The Flexner Myth and the History of Social Work," *Social Service Review,* 57(3).

Banks, Sarah. (2012) *Ethics And Values In Social Work,* 4th, London: Palgrave Macmillan. (石倉康次・児島亜紀子・伊藤文人監訳『ソーシャルワークの倫理と価値』法律文化社，2016年).

Borkman, T. J. (1976) "Experiential knowledge: A new concept for the analysis of self-help groups", *Social Service Review,* 50, 445-456.

Chu, William C. K. and Tsui, Ming-sum. (2008) "The nature of practice wisdom in social work revisited", *International Social Work,* 51(1), 47-54.

Eraut, M. (1994) *Developing Professional Knowledge and Competence,* Routledge Falmer.

Etzioni, A. ed. (1969) *The Semi Profession and their organization,* The Free Press.

Eva Feder KITTAY. (1999) *Love's Labor : Essays on Women, Equality, and Dependency,* Routledge. (岡野八代・牟田和恵監訳『愛の労働あるいは依存とケアの正義論』白澤社，2010年).

Ferguson, Iain. (2008) *Reclaiming Social Work : Challenging Neo- Liberalism And Promoting Social Justice,* London, Sage. (石倉康次・市井吉興監訳『ソーシャルワークの復権――新自由主義への挑戦と社会正義の確立――』クリエイツかもがわ，2012年).

Flexner. A. (1915) "Is Social Work a profession ?", *Proceedings of the National Conference of Charitiesand Correction: at the 42 annual sessions,* held in Baltimore, Maryland, May 12-19, 1915. Chicago: Hildmann. 576-590.

Greenwood. E. (1957) Attributes of a profession. *SocialWork,* 2(3), 45-55.

Mears, R.; Sweeney, K. "A preliminary study of the decision-making process within general practice", *Fam Pract.* 2000, 19(4), 1.

Ruch, G. (2005) "Relationship-based practice and reflective practice: holistic approaches to contemporary child care social work, CHILD & FAMILY SOCIAL WORK 10, 111-23.

Schön, Donald. A. (1983a) *The Reflective Practitioner : How professional Think in Action*, Basic Books.（佐藤学・秋田喜代美訳『専門家の知恵――反省的実践者は行為しながら考える――』みゆる出版，2001年）.

――― (1983b) *The Reflective Practitioner : How professional Think in Action*, Basic Books.（柳沢昌一・三輪健二監訳『省察的実践とは何か――プロフェッショナルの行為と思考――』鳳書房，2007年）.

――― (1983c) *Education the Reflective Practitioner : Toward a New Design for Teaching and Learning in the Professions, Basic Books.*（柳沢昌一・村田晶監訳『省察的実践者の教育――プロフェッショナル・スクールの実践と理論――』鳳書房，2017年）.

Toseland, R. W, and Rivas, R. F. (2001) *An lntroduction to Group IVorkPractice*, 4th, Allynand Bacon.

Taylor, C. and White, S. (2006) "Knowledge and Reasoning in Social Work: Education for Human Judgement", *British Journal of Social Work*, 36(6). 937-954.

Yelloly, M. and Henkel, M. (1995) *Learning and Teaching in Social Work*, Jessica KingsleyPublishers.

索　引

〈タ・ナ・ハ行〉

〈マ・ワ行〉

《著者紹介》

大原ゆい（おおはら　ゆい）

福岡県北九州市出身
立命館大学大学院社会学研究科博士後期課程修了　博士（社会学）
大谷大学社会学部講師

主要業績

「地域社会における NPO の役割と政策提言――阪神・淡路大震災の事例研究を通して――」『日本ボランティア学会2006年度学会誌』日本ボランティア学会，2007年.

「社会福祉実習の定量的把握のための試行――社会福祉実習記録の分析から――」『福祉情報研究』第13号，日本福祉介護情報学会，2017年.

「地域福祉実践の分析枠組みに関する一考察」『立命館産業社会論集』第55巻第1号，立命館大学産業社会学会，2019年.

「家族介護者支援の実態と課題――イギリスの介護者支援団体調査から――」『真宗総合研究所研究紀要』第38号，大谷大学真宗総合研究所，2021年.

社会を変える〈よりそう支援〉
――地域福祉実践における省察的実践の構造分析――

2022年3月10日　初版第1刷発行　　＊定価はカバーに表示してあります

著者　大原ゆい©
発行者　萩原淳平
印刷者　江戸孝典

発行所　株式会社　晃洋書房
〒615-0026　京都市右京区西院北矢掛町7番地
電話　075(312)0788番㈹
振替口座　01040-6-32280

装丁　野田和浩　　印刷・製本　共同印刷工業㈱
ISBN978-4-7710-3609-3